August Ruhs

LACAN

August Ruhs

LACAN

Eine Einführung in die strukturale Psychoanalyse

Löcker

Gedruckt mit freundlicher Unterstützung des Bundesministeriums für Wissenschaft und Forschung (BMWF) sowie der Kulturabteilung der Stadt Wien (MA7), Wissenschafts- und Forschungsförderung.

Herstellung: General Druckerei GmbH, Szeged
ISBN 978-3-85409-554-5

Inhalt

Die Welt beginnt hinter den Büchern,
aber um dort hinzukommen, muss man sie lesen
Emmanuel Lévinas

Ohne Sprache könnten Sie meinen Bart nicht einmal sehen
Lawrence Weiner

Vorbemerkungen

Die von Jacques Lacan begründete strukturale Psychoanalyse definiert sich vor allem durch eine Relektüre und eine Revision des Werkes von Sigmund Freud sowie dessen Weiterentwicklung im Lichte neuer wissenschaftlicher Erkenntnisse bzw. neuer wissenschaftlicher Disziplinen. Damit sollte der als Praxis begründeten Psychoanalyse der Status einer Wissenschaft weiterhin gewährleistet werden. Relektüre und Revision waren für Lacan auch notwendig angesichts einer als mangelhaft und irreführend erachteten französischen Übersetzung der Freudschen Schriften und angesichts jener Entwicklungen, welche die Psychoanalyse in eine mit ihren ursprünglichen Intentionen und Auffassungen nicht mehr zu vereinbarenden Richtung gelenkt haben (wie etwa die amerikanische Ich-Psychologie). In dieser Rückbesinnung kommt der Kategorie des Sprachlichen besondere Bedeutung zu, da vor allem unter Berufung auf den frühen Freud Psychoanalyse ihrer Hauptsache nach als eine Sprachanalyse besonderer Art verstanden wird. Demnach fiele der Psychoanalyse vor allem die Aufgabe einer Untersuchung der Wirkung der Sprache auf den Menschen zu, wobei sich das Unbewusste als ein Effekt der spezifisch menschlichen Sprache erweist. Unter der Prämisse, dass die Sprache den Menschen macht, kommt Lacan zur Behauptung, **dass das eigentliche Milieu des Menschen nicht biologisch, auch nicht soziologisch, sondern linguistisch ist.**

Die Definition der Psychoanalyse als Forschungsmethode zur Erfassung der unbewussten (d.h. sprachlich symbolisch gefassten) Motive menschlichen Handelns einschließlich pathologischen Verhaltens im Sinne neurotischer Symptomatiken ist heutzutage sicherlich zu eng, zumal gerade Lacan durch die Herausarbeitung der Kategorie des Realen als Bereich dessen, was sich der Symbolisierung entzieht (s. später), ihren Gegenstandsbereich wesentlich erweitert hat. Aber gerade in ihrer klinischen Dimension, wo es um Sinngebung bzw. um Verständnis und Vermittlung intimer und privater Bedeutungen geht, ist die von Anfang an auf ein Sprechen sich konzentrierende Psychoanalyse unauflösbar an eine Arbeit mit und an der Sprache gebunden. In seinen Vorlesungen »Zur Einführung in die Psychoanalyse« stellt dementsprechend Freud folgendes fest:

»In der analytischen Behandlung geht nichts anderes vor als ein Austausch von Worten zwischen dem Analysierten und dem Arzt. Der Patient spricht, erzählt von vergangenen Erlebnissen und gegenwärtigen Eindrücken, klagt, bekennt seine Wünsche und Gefühlsregungen. Der Arzt hört zu, sucht die Gedankengänge des Patienten zu dirigieren, mahnt, drängt seine Aufmerksamkeit nach gewissen Richtungen, gibt ihm Aufklärungen und beobachtet die Reaktionen von Verständnis oder von Ablehnung, welche er so beim Kranken hervorruft. Die ungebildeten Angehörigen unserer Kranken – denen nur Sichtbares und Greifbares imponiert, am liebsten Handlungen, wie man sie im Kinotheater sieht – versäumen es auch nie, ihre Zweifel zu äußern, wie man ›durch bloße Reden etwas gegen die Krankheit ausrichten kann‹. Das ist natürlich ebenso kurzsinnig wie inkonsequent gedacht. Es sind ja dieselben Leute, die so sicher wissen, dass sich die Kranken ihre Symptome ›bloß einbilden‹. Worte waren ursprünglich Zauber und das Wort hat noch heute viel von seiner alten Zauberkraft bewahrt. Durch Worte kann ein Mensch den anderen selig machen oder zur Verzweiflung treiben, durch Worte überträgt der Lehrer sein Wissen auf die Schüler, durch Worte reißt der Redner die Versammlung der Zuhörer mit sich fort und bestimmt ihre Urteile und Entscheidungen. Worte rufen Affekte hervor und sind das allgemeine Mittel zur Beeinflussung der Menschen untereinander.« (Freud 1916/1817, 9f)

Eine solche Feststellung spitzt sich bei Lacan noch zu, weil er die Sprache und das Sprechen nicht bloß als Vehikel anders gearteter psychischer Inhalte betrachtet, sondern ihnen strukturierende

Funktion für alle menschlichen Erlebnis- und Erfahrungsbereiche zuschreibt. In diesem Sinne ist der Mensch seinem Wesen nach ein **Sprechwesen** (*parlêtre*), und sein Unbewusstes als seine wesentliche Motivations- und Steuerungsinstanz ist wie eine Sprache gebaut (»im Unbewussten, da spricht es«). Denn wäre das Unbewusste nicht ein System von Bedeutungen, wäre es auch nicht interpretierbar. Diesbezüglich verweist Lacan vor allem auf die sogenannten kanonischen Werke Freuds: auf »Die Traumdeutung«, auf die »Psychopathologie des Alltagslebens« und auf »Der Witz und seine Beziehung zum Unbewussten«. In diesen Abhandlungen stellt Freud weit über bloße Ansätze hinausgehend eine Ästhetik des Unbewussten dar und weist damit auf dessen logische Struktur hin, welche im Gegensatz zum erst später konzipierten Es als dem hauptsächlich biologisch determinierten Triebpol des Menschen alles andere ist als ein Chaos und ein Kessel voll brodelnder Leidenschaften.

Aufgrund der Sprachstruktur des Unbewussten weist Lacan der Psychoanalyse eine Basiswissenschaft zu, an welche Freud weniger gedacht hat: Damit die Psychoanalyse zu einer Wissenschaft wird, muss sie sich an die Linguistik anhängen, lautet sein Vorschlag. Dabei sieht Lacan Freud als einen Vorläufer der modernen Sprachwissenschaft, indem dieser schon in der »Traumdeutung« jene sprachlichen Bedeutungsgesetze herausgearbeitet habe, welche später von Sprachwissenschaftern übernommen und mit anderen Begrifflichkeiten versehen wurden. So wurden etwa die von Freud beschriebenen Mechanismen von Verdichtung und Verschiebung zu den von der Linguistischen Theorie in den Vordergrund gestellten Begriffen von Metapher und Metonymie.

Lacans Lehre erschöpft sich aber nicht in der Radikalisierung des Freudschen Ansatzes eines sprachlich strukturierten Unbewussten. Denn sie hebt nicht nur die Rolle der Sprache sondern auch die Bedeutung des Bildes im weitesten Sinne des Wortes für die Genese des menschlichen Subjekts und für die Konstituierung seines Innenlebens und seiner Umwelt, seines Universums also hervor. Bild und Sprache bewirken, dass der Mensch aus einer ursprünglich unvermittelten Natur in einen vermittelten Zustand sowohl zu sich selbst als auch zur Welt tritt: Durch die beiden Medien des **Imaginären** und des **Symbolischen** wird das Subjekt zu einem doppelt repräsentierten Subjekt und seine Umwelt zu einer doppelt repräsentierten Umwelt. Das unvermittelte **Reale** tritt somit in den Hintergrund und zeigt sich nur noch als Rest und unter bestimmten Zuständen: insbesondere in Grenzzuständen wie Gewalt, Wahnsinn, Rausch, Ekstase und Orgasmus.

Sowohl die Identität des Subjekts als auch die Identität seiner ihn umgebenden Gegenstände ist immer an die drei Kategorien von **real, imaginär und symbolisch** gebunden. So verfügt ein Identitätsausweis nicht nur über ein Bild seines Besitzers, sondern auch über sprachlich verfasste Kennzeichen und Angaben, wobei der Besitzer selbst als realer Körper in dieser Trinität vorhanden sein muss, um seine Daseinsberechtigung zu beweisen. Andererseits zeigt uns ein Bild von Magritte, dass auch ein Gegenstand nicht allein aus einer Kategorie besteht, sondern dass auch hier Bild, Bezeichnung und Realgegenstand in einer Einheit verbunden sind, um zu existieren (siehe Abb. 1).

Der unvermittelte Bereich des Realen ist aber keine dem Erleben vorgängige Erfahrung, sondern ein Produkt der Nachträglichkeit und der Differenz, ganz gemäß dem Sprichwort, wonach der Fisch erst am Ufer weiß, dass er im Wasser war. Dieses Reale ist in der Lehre Lacans aber kein unbehandelter Rest geblieben. Nicht zuletzt die Auseinandersetzung mit dem Holocaust und dem Schrecken des Nationalsozialismus hat ihn zu einer weitreichenden Auseinandersetzung mit dieser Kategorie geführt, wobei er das Konzept des **Dings**, das dem Medium des Realen korreliert ist, ausgearbeitet hat. Dieses Ding, das wir auch bei Freud an mehreren Stellen seiner Theoriebildung vorfinden, hat insbesondere im Seminar über die Ethik der Psychoanalyse eine bedeutsame Stellung inne.

Abbildung 1: René Magritte : Ceci n´est pas une pomme. 1964. Öl auf Holz, 142 x 100 cm. Privatsammlung

Aus dem Lacanschen Kategoriensystem R-S-I, das sich an die zwei Freudschen topologischen Modelle des psychischen Apparats anschließt, ergibt sich auch die Grundlage für eine psychoanalytische Medientheorie, welche Neues und Wesentliches zum Gegenstandsbereich der sogenannten angewandten Psychoanalyse, insbesondere für kultur- und kunsttheoretische Fragen beigetragen hat. Allerdings bilden auch die drei Register Real-Symbolisch-Imaginär ein topologisches Modell, das als Versuch einer Topologie des psychischen Seins von Lacan als sogenannter **Borromäischer Knoten** dargestellt wird. Dabei handelt es sich um drei Ringe, die in einem Knoten so miteinander verbunden sind, daß die Herauslösung eines Ringes die ganze Verbindung auflöst. Der Name borromäisch leitet sich übrigens aus dem ein solches Ringsystem beinhaltenden Familienwappen des Mailänder Geschlechts der Borromäer ab.

Abbildung 2: Die borromäischen Ringe

Die letzte Periode im Werk Lacans ist überhaupt der Entwicklung verschiedener topologischer Modelle gewidmet. Dabei wird vor allem auf die Nodologie, einer speziellen Disziplin der Mathematik, zurückgegriffen. Solche Darstellungsweisen in Zusammenhang mit anderen mathematischen Modellen oder mit Modellen anderer Wissenschaften (wie beispielsweise der Optik) stellen Formalisierungsversuche für das psychoanalytischen Lehrgebäudes dar, welche ihren wissenschaftlichen Charakter untermauern und eine sogenannte theoretische Psychoanalyse begründen sollen. Da Lacans diesbezügliche Überlegungen nie wirklich abgeschlossen werden konnten und da es sich dabei um eine sehr spezielle und auch sehr verschieden interpretierte Thematik handelt, kann in diesem Rahmen darauf nicht näher eingegangen werden.

Hingegen bezieht sich der weitere Inhalt nach einem Exkurs zur Biographie Lacans auf folgende Sachbereiche:

A) Die wichtigsten Lacanschen Theoreme:

- Erste psychoanalytische Konzeptionen: Die Kategorie des Imaginären und die Wirkung des Bildes auf die menschliche Ich-Identität
- Die Kategorie des Symbolischen – Die Genese des Subjekts und das Unbewusste als Effekt der Sprache
- Bedürfnis, Anspruch, Begehren

B) Die klinischen Strukturen

- Neurose
- Perversion
- Psychose

(- Sublimierung)

C) Angewandte Psychoanalyse

- Zu Freuds Bestimmung(en) der Psychoanalyse und ihrer Anwendungsgebiete
- Der Schautrieb und sein Objekt Blick
- Unbewusstes Inszenieren in der bildenden Kunst
- Sublime Gier – Bemerkungen zu den unbewussten Motiven des Sammelns und zur Funktion des Museums
- »Zum Verstehen eines Bildes braucht es einen Stuhl« (Paul Klee). Werkbetrachtung aus psychoanalytischen Perspektiven.
- Psychoanalyse, Kino und Film
- Stimme, Über-Ich, Musik
  Von der Triebhaftigkeit im Akustischen

Literatur

Freud, S. (1900): Die Traumdeutung. G.W. II/III

Freud, S. (1901): Zur Psychopathologie des Alltagslebens. G.W. IV

Freud, S. (1905): Der Witz und seine Beziehung zum Unbewussten. G.W. VI

Freud, S. (1916/1917): Vorlesungen zur Einführung in die Psychoanalyse. G.W. XI

Zu Leben und Werk von Jacques Lacan

In einer sehr umfangreichen Biographie hat die Historikerin und Psychoanalytikerin Elisabeth Roudinesco (1996) die Entwicklung der strukturalen Psychoanalyse nachgezeichnet und in die Lebensgeschichte ihres Begründers integriert. Die nachfolgende Zusammenfassung orientiert sich auch an entsprechenden Kapiteln ihres mit Michel Plon herausgegebenen »Wörterbuchs der Psychoanalyse«. (Roudinesco & Plon 2004)

Jacques (Marie) Lacan wurde am 14.4.1901 in Paris als Sohn einer in Orleans ansässigen Essigfabrikantenfamilie geboren. Seine Eltern erlebte er als äußerst problematisch, neben einem schwachen Vater stand eine streng katholische und fast bigotte Mutter. Nach Jacques kamen noch eine Schwester und zwei Brüder, von welchen einer sehr früh starb, zur Welt; der Bruder Marc-François wurde später Benediktinermönch.

Nach seiner Gymnasialzeit brach Lacan mit dem Katholizismus seiner Familie. Er wandte sich zunehmend der Philosophie zu, las zunächst vor allem Spinoza und Nietzsche. Großes Interesse zeigte er auch für die literarische Avantgarde, war begeistert von den öffentlichen Lesungen von James Joyce und strebte bald ein Naheverhältnis zur surrealistischen Bewegung an. Gleichzeitig studierte er Medizin und wandte sich nach Abschluss des Studiums der Psychiatrie zu. Hier zeigte er sich zunächst stark beeinflusst von Gaetan Gatian de Cléarambault, der sich nicht nur als Gerichtspsychiater und durch seine psychiatrisch-wissenschaftlichen Abhandlungen einen Namen gemacht hatte, sondern sich auch durch eine an die Obsession grenzende Sammelleidenschaft sowohl von psychiatrischen Fällen als auch von Fotografien nordafrikanischer Frauengewänder auszeichnete. Als übrigens Clérambault wegen einer Netzhauterkrankung vom Verlust seines Augenlichts bedroht war, beging er vor einem Spiegel sitzend mit einem Schuss in den Kopf

Selbstmord. In Anbetracht des von Lacan entwickelten Spiegelstadiums der Subjektgenese und dessen Beziehung zur narzisstischen Aggressivität liegt in diesem Vorfall zumindest ein Stück geschichtlicher Ironie. 1932 begann Lacan eine Lehranalyse bei Rudolph Loewenstein und im gleichen Jahr schloss er seine Dissertation ab. Das Thema der Doktorarbeit mit dem Titel »Über die paranoische Psychose und ihre Beziehung zur Persönlichkeit« führte ihn zu einem Konzept, das sich der Hauptsache nach auf die subjektiven Dimensionen psychotischer Störungen mit einer Herausarbeitung von pathogenetisch bedeutsamen Selbstbestrafungstendenzen konzentrierte, wobei Lacan vor allem auf eine Krankengeschichte unter dem Pseudonym »der Fall Aimée« zurückgriff. Später sollte sich herausstellen, dass es sich bei der Patientin um die Mutter seines anfänglichen psychoanalytischen Mitstreiters und späteren Widersachers Didier Anzieu handelte. 1933 veröffentlichte Lacan in der surrealistischen Zeitschrift »Le Minotaure« einen Artikel über einen damals aufsehenerregenden Kriminalfall in Le Mans, bei welchem ein weibliches Mörderpaar ihre Herrschaft auf grausamste Weise umgebracht hatte. Dieser Text über die legendären Schwestern Papin inspirierte übrigens Jean Genet zur Abfassung seines Dramas »Die Zofen«.

Obwohl Lacan durch derartige Schriften in bestimmten Kreisen großes Echo fand, so litt er gleichzeitig an der Nichtanerkennung durch die »Sociéte psychanalytique de Paris«. Nach mehr als 6 Jahren Analyse trennte er sich in Unfrieden von seinem Analytiker Loewenstein, wurde aber trotzdem 1938 Mitglied der Pariser Vereinigung. Ab 1936 hatte sich Lacan vor allem der Hegelschen Philosophie in der französischen Vermittlung durch Alexandre Kojève verstärkt zugewandt, was den Anfangspunkt einer intensiven Lektüre Freuds aus dem Blickwinkel der deutschen Philosophie darstellte. Als Mitglied der Internationalen Psychoanalytischen Vereinigung präsentierte er 1936 an deren 14. Internationalen Kongress in Marienbad einen Beitrag über die Entstehung des menschlichen Ich, welcher den Titel »Das Spiegelstadium als Bildner der Ich-Funktion« trug. 1938 wurde in die Encyclopédie française ein Artikel Lacans zum Thema »Familie« aufgenommen. Diese Arbeit ist nicht nur eine faszinierende Abhandlung zur psychosexuellen Entwicklungslehre unter Einbeziehung intersubjektiver Beziehungsstrukturen im Rahmen des sozialen Komplexes der Familie, sondern auch eine Auseinandersetzung mit der Gewalt in der bürgerlichen Familie mit scharfsinnigen Überlegungen zur Entstehung der Psychoanalyse im Rahmen des Niedergangs patriarchalischer Strukturen.

In den 1950er Jahren spielte sich Lacan mit seinem Aufruf zu einer Rückkehr zu Freud und zu dessen frühen Schriften in den Vordergrund der internationalen psychoanalytischen Szene. Diese Forderung nach einer Relektüre des Freudschen Werkes stand in Verbindung mit einer intensiven Beschäftigung mit der Philosophie Heideggers, mit der Linguistik de Saussures und mit den Untersuchungen sozialer Systeme durch Lévi-Strauss. Während mit Heidegger die Frage des Status der Wahrheit und des Seins bzw. der menschlichen Seinsverfehlung aus psychoanalytischer Sicht zu stellen war und während sich mit de Saussures Konzept des Signifikanten die Theorie eines sprachlichen Unbewussten aufbauen ließ, lieferte Lévi-Strauss nicht nur einen Symbolbegriff, den man dem Imaginären und dem Realen gegenüberstellen konnte, sondern auch eine Grundlage für die Annahme einer Universalität des Inzestverbots und des Ödipuskomplexes. Im Angriff auf die amerikanische Ich-Psychologie, welcher die Propagierung einer Anpassungspraxis im Rahmen eines Human Engineering unterstellt wurde, blieb Lacan nicht lange allein, wobei er in der Person der Kinderpsychoanalytikerin Françoise Dolto eine frühe und besonders treue Mitstreiterin fand.

1953 kam es innerhalb der Pariser Psychoanalytischen Gesellschaft zu einer Krise und schließlich zu einer Spaltung, die sich vor allem um die Frage der Laienanalyse drehte. Zwei Gruppen unter Führung von Sascha Nacht einerseits und Daniel Lagache andererseits standen einander feindlich gegenüber. Schon aufgrund seiner Analysepraxis der variablen Sitzungsdauer, die ihn in große Schwierigkeiten mit dem orthodoxen Institut brachte, schloss sich Lacan der liberalen Gruppe um Lagache an. Daraus entwickelte sich die »Sociéte Française de Psychanalyse«, welche 1953 als zweite Pariser Vereinigung gegründet wurde. Von dieser Zeit an hielt Lacan sein alle zwei Wochen stattfindendes Seminar in der psychiatrischen Universitätsklinik von Saint-Anne ab. Diesen privilegierten Ort verlor er allerdings, nachdem es in der Pariser Psychoanalyseszene zu Spaltungen gekommen war. Denn 1953 hatte die »Sociéte française de psychanalyse« ohne es zu wollen und ohne es zu merken ihre Mitgliedschaft in der Internationalen Psychoanalytischen Vereinigung (IPA) verloren. Die darauf folgenden zähen und jahrelangen Verhandlungen scheiterten immer wieder an der Forderung, Lacan und Dolto von Ausbildungsfunktionen auszuschließen. Schließlich gründete Lacan 1964 seine eigene Schule, die »Ecole Freudienne de Paris«, während die von ihm verlassene »Sociéte française de psychanalyse« zur »Association psychanalytique de France« und zu einem Mitglied der IPA wurde. Ab diesem Zeitpunkt hielt Lacan seine Seminare auf Einladung von Louis Althusser an der »Ecole normale superieure« in der Rue d'Ulm. Dort fand er ein neues Publikum vor, dem sehr viele junge Philosophen angehörten, unter anderem auch Jacques Alain Miller, der 1966 Lacans Schwiegersohn wurde. 1966 wurden auch von François Wahl 34 Artikel Lacans als »Schriften« (»Ecrits«) herausgegeben, welche innerhalb der ersten zwei Wochen in 5000 Exemplaren verkauft wurden (im Vergleich dazu wurde Freuds »Traumdeutung« in den ersten acht Jahren in etwa 600 Exemplaren verkauft). Die Verkaufsziffer des ersten Teils der Taschenbuchausgabe der »Ecrits« stieg gar auf 120.000 Bücher an. In den Jahren 1966 und 1976 hielt Lacan Vorträge in den Vereinigten Staaten und sprach dabei vor allem vor Intellektuellen, Feministinnen und Romanisten.

Durch Lacans Schule wurde die Psychoanalyse auch an der Universität verankert. Serge Leclaire gründete 1969 ein Department für Psychoanalyse an der Universität Paris VIII, dessen inhaltliche Ausrichtung eine Zeitlang von Lacan selbst bestimmt wurde. An dieser Universität kann auch ein Doktoratsstudium in Psychoanalyse absolviert werden. Inzwischen gibt es auch an anderen französischen Universitäten analoge Einrichtungen.

1969 hatte Lacan die sogenannte »passe« in die Ausbildung für Psychoanalytiker eingeführt. Diese besondere Art einer Eignungsprüfung wurde nicht von allen goutiert, so dass einige Mitglieder die Schule verließen und eine eigene psychoanalytische Gesellschaft als sogenannte »Quatrième groupe« gründeten.

In den letzten Lebensjahren Lacans kam seine »Ecole Freudienne de Paris« immer stärker in eine institutionelle Krise, die vor allem durch die Vermutung entstand, dass Lacan selbst nicht mehr handlungsfähig sei und dass sein Schwiegersohn bereits alle Agenden übernommen hätte. Schließlich wurde die Schule 1980 aufgelöst und als »Ecole de la Cause Freudienne« wieder begründet, kurz bevor Lacan am 9. September 1981 starb.

Was Lacans Privatleben betrifft, soll noch erwähnt werden, dass er zweimal verheiratet war, wobei 4 Kinder diesen Verbindungen entsprungen sind.

Literatur

Roudinesco, E. (1996): Jacques Lacan. Bericht über ein Leben. Geschichte eines Denksystems. Kiepenheuer und Witsch, Köln

Roudinesco, E.; Plon, M. (2004): Wörterbuch der Psychoanalyse. Springer, Wien-New York

A) Die wichtigsten Lacanschen Theoreme:

Die nachfolgenden Begrifflichkeiten stellen wichtige Eckpfeiler im Lehrgebäude der strukturalen Psychoanalyse dar:

- **Reales, Imaginäres, Symbolisches**
- **Ich und Subjekt – Narzissmus und Ödipus – der andere und der Andere**
- **Imago, Signifikant, Buchstabe**
- **Im Unbewussten, da spricht es**
- **Bedürfnis, Anspruch, Begehren**
- **Die Bedeutung des Phallus**

Soweit es in einer Einführung möglich ist, sollen diese Konzeptionen in den anschließenden Kapiteln herausgearbeitet und erläutert werden.

Erste psychoanalytische Konzeptionen: Die Kategorie des Imaginären und die Wirkung des Bildes auf die menschliche Ich-Identität

Aufgrund seiner psychiatrischen Ausbildung und seiner Beschäftigung mit Psychosen war Lacans Eintritt in die psychoanalytische Bewegung durch die Frage nach den frühesten Identitätsbildungen und nach der Entstehung des spezifisch menschlichen Ich geprägt. Seine ersten Überlegungen präsentierte er 1936 unter dem Titel »**Das Spiegelstadium**« auf dem 14. Internationalen psychoanalytischen Kongress in Marienbad.

In dieser 13 Jahre später publizierten Studie (Lacan 1949) wird gezeigt, dass das Subjekt des Menschenkindes nicht in einem Akt der reinen Apperzeption vorgegeben ist, sondern dass es sich erst in einem dialektischen Prozess, in dem Innenwelt und Umwelt voneinander geschieden werden müssen, entwickelt. Bei diesem als Spiegelstadium bezeichneten Vorgang, der um den 6. Lebensmonat herum einsetzt, konstituiert sich im Medium des Imaginären ein primitives Ich durch Identifizierung mit dem Bild des Ähnlichen als einer Gesamtgestalt, konkret erfahren in der Wahrnehmung des eigenen Bildes im Spiegel. Dieser grundlegende Identifikationsvorgang ermöglicht dem damit zu sich selbst kommenden Individuum einen Vorgriff auf die Wahrnehmung seines Körpers als einer Einheit, die wiederum sein Ich strukturiert, bevor sich ein Subjekt in der Dialektik der Identifikation mit dem Anderen durch Vermittlung der Sprache entwickelt. Der im Spiegelstadium sich konstituierenden Erfahrung des Körpers als einer begrenzten Form steht ein Phantasma gegenüber, in dem das Ich seinen Zusammenhalt zu verlieren und sich in eine Dispersion seiner Körperteile aufzulösen droht. Lacan bezeichnet diese Desintegration als »**Phantasma des zerstückelten Körpers**«, welches in psychotischen Regressionen erscheint oder dann, wenn die Psychoanalyse ein bestimmtes Niveau erreicht. In gewisser Weise entspricht dieses Phantasma dem Autoerotismus, während die Ich-Bildung als Vorstellung körperlicher Abgeschlossenheit und Begrenztheit einerseits mit dem **primären Narzissmus** und andererseits mit dem **Ideal-Ich** als Grundlage aller Vorstellungen von Ganzheit und Vollkommenheit gleichzusetzen ist. Allerdings ist zu bedenken, dass Lacan hier Freuds **Nachträglichkeitsprinzip** mit Nachdruck zur Geltung bringt, wonach die Spiegelphase erst *rückwirkend* die Zerstückelungsphantasie aufkommen lässt.

In den Texten Freuds sind durchaus Passagen und Metaphern zu finden, die die Konzeption des Spiegelstadiums stützen – etwa die Begriffe Ich-Spaltung und Narzissmus sowie der von C. G. Jung eingeführte Terminus Imago, ferner die Studien zur Paranoia und die Feststellung, dass das erste Ich ein körperliches Ich sei, genauer gesagt, die Projektion einer Körperoberfläche. Dennoch scheint sich Lacan in der Entwicklung seiner Ideen eher auf Tatbestände aus der Verhaltensforschung, aus der Kinderpsychologie und der klinischen Psychologie sowie aus embryologischen, anatomischen und physiologischen Untersuchungen zu stützen. Hinsichtlich letzterer ist von einer Vorzeitigkeit der menschlichen Geburt auszugehen, worauf unter anderem die Unfertigkeit zentralnervöser Bahnen und das lange Verbleiben mütterlicher Körperflüssigkeiten im Neugeborenen hinweisen, so dass es in seinem Nesthockerdasein über eine nur mangelhaft entwickelte Instinktausstattung verfügt. Dies bedingt andererseits eine relative Ungebundenheit und Freiheit aller Triebregungen und Triebbefriedigungen, welche diesseits aller natürlichen Entwicklung in einem langdauernden Kultur- und Zivilisationsprozess ausgebildet werden müssen.

Allerdings gibt es Hinweise, dass auch im Tierreich und sogar bei sehr niedrigen Spezies psychologische Faktoren für Identitätsbildungen eine Rolle spielen, wobei dem Bild eine besondere Bedeutung zukommt. Bekannt ist in dieser Hinsicht die Tatsache,

dass die Reifung der Geschlechtsdrüsen bei der Taube den Anblick eines Artgenossen unbedingt voraussetzt, wobei diese Wirkung auch durch das Spiegelbild ausgelöst wird.
Herangezogen wird auch die Angst und der panische Schrecken des von sich entfremdeten Psychotikers, der offensichtlich verzweifelt vor dem Spiegel versucht, die Einheit seines zerstückelten Körpers wiederzufinden (»Spiegelzeichen der Schizophrenen«). Die Beobachtung des Verhaltens von Kindern vor dem Spiegel, wie sie Henri Wallon (1931) in einer Arbeit mit dem Titel »Wie entwickelt sich beim Kind die Auffassung des eigenen Körpers« dargestellt hat und wo der Begriff »Spiegelprüfung« auftaucht, lässt schließlich eine systematische Betrachtung des Phänomens zu und erlaubt eine zeitliche Gliederung dieser Reifungsphase in drei Hauptabschnitte:

I. **Im ersten Abschnitt nimmt das Kind das Spiegelbild als ein reales Wesen wahr, an das es sich mit einer bewegten Mimik anzunähern versucht.**
II. **In einem zweiten Abschnitt lernt das Kind zu verstehen, dass der andere des Spiegels nur ein Bild ist und nicht ein reales Wesen. Es versucht nun nicht mehr, den anderen hinter dem Spiegel zu suchen, da es nun weiß, dass es ihn da nicht mehr gibt.**
III. **Der dritte Abschnitt ist dadurch gekennzeichnet, dass das Kind das Bild des anderen im Spiegel als *sein eigenes Bild* erkennt.**

In der Wahrnehmung des Bildes seines Körpers als einer Einheit antizipiert also das Kind die Einheit eines Ich, die objektiv noch fehlt. Auf dem Boden einer ursprünglichen und angeborenen Imitationsneigung (reflexive und gleichgerichtete Antworten auf Gesten und Mimik des Gegenübers) identifiziert es sich mit diesem Bild, das nicht es selbst ist und das ihm doch erlaubt, sich zu erkennen. Wie in einer primitiven Zeichensprache erscheint das daraus entstehende Ur-Subjekt als repräsentiertes in einem Repräsentationsvorgang, dessen Medium eben das Imaginäre ist. Indem das kleine Individuum eine Beziehung zwischen seinem Körper und diesem Bild herstellt, füllt es eine Lücke zwischen diesen beiden Gegebenheiten aus, was einem Wunsch entspricht, der das Ich definiert. In dieser primären Identifizierung liegt der Ursprung aller sekundären Identifizierungen des Subjekts und die Grundlage dafür, dass das Kind schließlich »Ich« sagen kann.

Allerdings, und darauf weist Lacan erst in einer mehrere Jahrzehnte späteren Re-Formulierung des Konzepts mit Nachdruck hin, ist für diesen Identifizierungsvorgang, der das imaginäre Ich libidinös besetzt, die Anwesenheit eines Dritten Voraussetzung. Es ist in der Regel ein Elternteil, der bei dieser Erfahrung anwesend ist und etwa das Kind vor dem Spiegel hält und dabei in irgendeiner Weise Anerkennung ausdrückt, welche als ein »Das bist du!« verstanden werden kann. Damit wird symbolische Bedeutung eingeführt, dem imaginären anderen gesellt sich als tertium comparationis ein symbolischer Anderer, welcher spricht, hinzu, grundsätzliche Differenz wird erlebbar. Es vollzieht sich hiermit das, was man üblicherweise als **Triangulierung** bezeichnet, in verschiedenen Registern: Differenzierung von imaginär, symbolisch und real (Bild, Signifikant, Referent) auf einer Erkenntnisebene und Erweiterung einer narzisstisch-dyadischen zu einer triadischen Beziehung im intersubjektiven Bereich. Deshalb kann Lacan auch den dritten Abschnitt des Spiegelstadiums mit dem Beginn der **Ödipalität** gleichsetzen, zumal die Differenzierung der Geschlechter auf der Grundlage dieser differenzierenden Zeichenerfahrung, genauer gesagt durch die Signifikantenfunktion des symbolischen Phallus, erfassbar wird.

Um Missverständnissen bezüglich dieser imaginären Ich-Bildung zu begegnen seien hier noch zwei Anmerkungen gemacht: das Ich des Spiegelstadiums ist im Gegensatz zu anderen Ich-Begriffen ein Ich mit Objektcharakter im Sinne einer Konzeption des *Selbst*, welches zwei von Freud formulierten Ich-Definitionen entspricht: das Ich **als Projektion einer Körperoberfläche** und das Ich **als Summe aller Identifizierungen des Subjekts.** Die anderen Ich-Begriffe Freuds (das Ich **als Repräsentant der Realität** oder als **modifizierter, desexualisierter Teil des Es**) bzw. **spezifische Ich-Funktionen** und psychologisch relevante Fähigkeiten und Vermögen eines Individuums gehören einer anderen Kategorie an.

Andererseits ist darauf hinzuweisen, dass die Spiegelerfahrung als rein visuelles Phänomen für die Ich-Bildung nur einen Musterfall darstellt. Daneben sind andere Sinne als der Gesichtssinn für das Raumerleben und damit für das Erleben des abgegrenzten Körpers konstitutiv, wodurch auch etwa das blindgeborene Kind zu seiner ersten narzisstisch strukturierten Identität gelangt. Schließlich beinhaltet die Narziss-Geschichte, welche diese Primärerfahrung mythisch trägt, auch das Schicksal der der akustischen Dimension zugehörigen Nymphe Echo, welches freilich in der Erzählung aufgrund der Vorherrschaft der Sehwahrnehmung und des Blicks zumeist unterschlagen wird. (Siehe dazu S. 174ff)

Wesentlich für die Kategorie des Imaginären ist also nicht das Bild in seiner engeren Bedeutung als visuelles Abbild, sondern eine Repräsentationsweise, welche auf **Ähnlichkeit** bzw. **Punkt-für-Punkt-Entsprechung** beruht. Dies ist dann auch der Unterschied zur Kategorie des Symbolischen, dessen Repräsentationselemente Signifikant und Buchstabe durch **Differenz und Arbitrarität** gegenüber dem Repräsentierten charakterisiert sind.

Im Lichte des Spiegelstadiums ist auch das Phänomen der Aggressivität zu überdenken, welches als korrelative Spannung der narzisstischen Identifizierung in Erscheinung tritt. Damit wird nicht zuletzt das Problem der Psychosen, insbesondere der infantilen Psychosen anders als gewohnt beleuchtet. Dabei ist folgendes zu bedenken:

Das Bild des Spiegels im weitesten Sinn ist nur ein Bild des Ähnlichen, mit dem die existenzielle Auseinandersetzung ausgetragen wird. Die gleichaltrigen Spielgefährten und die Puppen und

Spielzeuge stellen ebenfalls Doppelgänger dar, die es anzuerkennen gilt, ohne sich selbst dabei aufzugeben. Von grundsätzlich gleicher Art ist die erste Beziehung des Kindes zu seiner Mutter, mit deren phallischem Mangel es sich zu identifizieren hat und wodurch es zunächst das ist, was der Mutter fehlt. Alle diese dualen Beziehungen sind jedoch äußerst problematisch und voller Gefahren. Einerseits gewährleistet nämlich das Spiegelstadium die Realisierung einer Einheit, einer koenästhetischen Subjektivität, andererseits stellt es aber eine ständige Entfremdung dar und bedroht das Kind mit Unterwerfung hinsichtlich des eigenen Bildes, hinsichtlich seiner kleinen Doppelgänger, hinsichtlich des Begehrens seiner Mutter. So ist dieser Beziehungsmodus ständig durch die Ununterschiedenheit und durch die Verwechslung des Selbst mit dem anderen charakterisiert. Das gerade erworbene primordiale Ich ist zerbrechlich und flüchtig. So ist auch die Einheit des Körpers als totale Gestalt ständig vom Auflösungsprozess, der durch sie erst zu einer (nachträglichen) Erfahrung geworden ist, bedroht. Die korrelative Spannung dieser Beziehungsstruktur lässt Lacan mit dem Begriff der **Aggressivität** zusammenfallen. Aggressivität wird damit einer besonderen Beziehung zum Bild des eigenen Körpers oder zum Körper des anderen zugeordnet, ihre archaischen Imagines der Kastration, der Zerstückelung, der Entleibung, des Zerreißens, des Verschlingens etc. auf die Struktur des *zerstückelten Körpers* zurückgeführt. In diesem Sinn lässt sich auch der primäre Sado-Masochismus und der Todestrieb mit dem Spiegelstadium in Zusammenhang bringen. Zu verschlingen oder verschlungen zu werden oder aber sich selbst oder den anderen zu quälen, zu deformieren, zu töten läuft auf dieser Ebene auf dasselbe hinaus.

Wenn auch der Ödipuskomplex die Problematik der primären Identifizierung zu begraben scheint, ist er nicht in der Lage, einen Defekt in der Bildung des Spiegel-Ich wirklich zu beheben. Eine solche unvollendete Ich-Bildung bildet dann die Grundlage nicht nur von latenten oder manifesten Psychosen, sondern auch von schweren Charakterpathologien und psychosomatischen Störungen. Für letzteres sei auf die Konzeptionen der französischen psychosomatischen Schule hingewiesen. (Marty, de M'Uzan, Fain)

Literatur

Lacan, J. (1949) : Das Spiegelstadium als Bildner der Ich-Funktion, wie sie uns in der psychoanalytischen Erfahrung erscheint. In: Schriften I. Walter, Olten 1973, 61-70

Wallon, H. (1931) : Comment se developpe chez l'enfant la notion du corps propre. Journal de Psychologie (Nov.-Dec. 1931), 705-748

Die Kategorie des Symbolischen – Die Genese des Subjekts und das Unbewusste als Effekt der Sprache

Eine zweite Periode in Lacans Schaffensprozess, die sich nach dem 2. Weltkrieg zu entwickeln beginnt, ist durch eine intensive Auseinandersetzung mit der Bedeutung der spezifisch menschlichen Sprache für eine tragfähige Identitätsbildung und für die Konstituierung einer kohärenten inneren und äußeren Objektwelt charakterisiert. Dabei tritt Lacan über die Beschäftigung mit der **strukturalen Linguistik** von **Ferdinand de Saussure** und über die Auseinandersetzung mit dem Werk von **Claude Lévi-Strauss** in den Kreis des **französischen Strukturalismus** ein, der in den Fünfzigerjahren den Existenzialismus abzulösen begonnen hat. In dieser neuen geistigen Bewegung nimmt Lacan neben Michel Foucault, Roland Barthes und Louis Althusser eine prominente Position ein.

Der Strukturalismus breitete sich als ein Systemdenken aus, das den Menschen, seine Vergesellschaftung und die ihn umgebenden Dinge unter die Ordnung und Kohärenz der ihm als vorgängig erachteten sprachlichen und sprachanalogen Strukturen setzte. Leitdisziplin war die vom Genfer Sprachwissenschafter Ferdinand de Saussure entwickelte strukturale Linguistik, welche der Sprache einen eigenständigen und umschriebenen Gegenstandsbereich zuwies und die ihr zugrundeliegenden autonomen Strukturen und Gesetze innerhalb bestimmter kultureller Räume und begrenzter Epochen freilegte. Damit verbunden war die Erkenntnis einer nicht-hierarchischen Beziehung von Denken und Sprache bzw. die Auffassung, dass sich Denken und Sprache gegenseitig konstituieren. Die dazu führenden historischen Schritte seien hier kursorisch und in Anlehnung an einen entsprechenden Überblick von Oswald Ducrot (1973) nachgezeichnet.

Sprachwissenschaft bis und mit Saussure

Bis zum Ende des 19. Jahrhunderts ist für die Philologen die Sprache der Ausdruck des Denkens, der Satz eine Abbildung des Gedankens. Demnach, so folgerte man, müsse die Organisation des Satzes der seines Modells, des Gedankens nachgeahmt sein. So wie der Gedanke eine Verbindung von Urteilen darstellt, ist der Satz eine Verbindung von Präpositionen. Den Begriffen von Substanz, Qualität und Kopula entsprechen somit die sprachlichen Elemente Substantiv, Adjektiv und Verb. In Sprachen, die diese »natürliche« Anordnung nicht zeigen, die die sprachlichen Elemente in einer anderen Reihenfolge verknüpfen, wäre demnach Permutation eingetreten. Den Grammatikern zufolge, welche hinter dieser Auffassung stehen, ist also die einzig mögliche Ordnung unter den Wörtern die Ordnung der Dinge, alles andere ist Unordnung.

Einige Wissenschaftler des 18. Jahrhundert erkennen allerdings in natürlichen Sprachen autonome Ordnungen. Dieses Thema zeigt sich in einer neuen Art, Wörter zu zerlegen. Die innere Anordnung des Wortes wird nicht mehr im Hinblick auf die Welt gerechtfertigt, wie dies durch die Etymologisten geschah (so etwa in einem drastischen Beispiel die Rückführung des lateinischen *lepus*/ Hase auf *levis*/leicht und *pes*/Fuß), sondern in bezug auf eine konstante Sprachgewohnheit, in bezug auf innersprachliche Konstruktionsschemata. Darüber hinaus betont Wilhelm von Humboldt, auf den diese Neuorientierung im wesentlichen zurückgeht, dass in den sogenannten Kultursprachen die einzelnen Sprachelemente untereinander regelhafte Beziehungen eingehen, die die geistigen Relationen widerspiegeln. Diese in jeder besonderen Sprache entdeckten Regelmäßigkeiten werden als weitgehend beliebig dargestellt. Im Gegensatz zu den vorhergehenden Grammatikern geht es Humboldt nicht darum, einen bestimmten Konstruktionstypus zu finden, der allen Sprachen gemeinsam wäre und der die unveränderte Form des Urteils widerspiegelte. Im Gegensatz aber auch zu den Kritikern der Etymologisten, die die spezifische Regelmäßigkeit einer Sprache nur innerhalb der Wörter entdeckten, sonst aber die Sprache die Gedanken durch eine lineare Verbindung der Wörter ausdrücken lassen, ist für Humboldt die einer Sprache eigentümliche und willkürliche Organisationsform ein Mittel, das dazu verwendet wird, eine Darstellungsfunktion zu erfüllen. Sie ist die von einem besonderen Volk gewählte Art und Weise, sein Stil, um die universalste Kraft des Geistes auszudrücken.

Der damit zu Anfang des 19. Jahrhunderts bereits existierende Strukturbegriff konnte sich jedoch nicht durchsetzen, da die damals aufkommende Transformationsforschung der Sprache dadurch in große Schwierigkeiten kam. Diese vergleichenden Sprachwissenschaften, die die Verwandtschaft von Sprachen nachweisen wollten, gingen in den Methoden hauptsächlich vom Vergleich grammatikalischer Elemente aus. Diese, so wurde angenommen, hätten durch ihre Integration in ein geschlossenes System die größte Widerstandskraft gegen Veränderungen.

Wenn also diesbezüglich Ähnlichkeiten zwischen zwei Sprachen gefunden wurden, musste es eine Verwandtschaft bzw. Affiliation geben. Diese Elemente konnten aber nur verglichen werden, wenn ihre Stellung im jeweiligen Gesamtsystem mit berücksichtigt wurde. So konnten z.B. der lateinische Genitiv und der griechische Genitiv nicht ohne weiteres miteinander verglichen werden, da das Lateinische sechs Fälle, das Griechische fünf Fälle kennt. Die Sprachhistoriker sind diesen Schwierigkeiten ausgewichen und haben auf die spezifischen Strukturen der Grammatiken unter Zuhilfenahme einer pessimistischen Konzeption der Sprachgeschichte verzichtet: Von einer Universalgrammatik ausgehend hätten sich nach und nach in allen Sprachen Verfallserscheinungen eingestellt. Wo noch Ordnung anzutreffen sei, wäre sie nur zufälliges Überbleibsel eines einstigen Status. Die Geschichte kann also letzten Endes nur Elemente mit Elementen verknüpfen, unabhängig von den Systemen. Insofern wurde von einer rückschrittlichen Bewegung aus der grammatikalische Universalismus wiederentdeckt.

Schließlich tritt Ferdinand de Saussure auf den Plan. Den zu seiner Zeit vorherrschenden Historizismus außer Acht lassend, folgt de Saussure den Konzeptionen Humboldts, indem er sich hauptsächlich dem synchronischen, d.h. beschreibenden oder statischen Aspekt der sprachlichen Phänomene zuwendet. Dazu muss er eine Unterscheidung treffen und den Bereich der »**Langue**«, der zu einem bestimmten Zeitpunkt einem kollektiven Subjekt bewusst wird, vom Bereich der »**Parole**« (**Sprechen**) abtrennen, der diachronisch, d.h. geschichtlich dimensioniert und seinem Wesen nach psychophysisch ist. Beide Gebiete werden unter dem Begriff »**Langage**« vereinigt, womit die Gesamtheit der empirisch fassbaren Sprachäußerungen gemeint ist. Die Geschlossenheit von »Langue«, also der Sprache im engeren Sinn, benötigt Saussure, um die von ihm behauptete autonome Regelhaftigkeit der Sprache nachzuweisen.

Zur Beschreibung und Erklärung der Organisation wendet sich Saussure zunächst dem Element zu. Prinzipiell lassen sich sprachliche Elemente isolieren, indem man die Rede in nachfolgende oder gleichzeitige Komponenten zerlegt. Saussures Standpunkt dabei ist, dass weder lautliche, also formale, noch semantische, also inhaltliche Einheiten isoliert voneinander gefunden werden können. Eine Berechtigung zur Zerlegung einer Aussage erhält man nur, wenn man bereit ist anzuerkennen, dass ihr lautlicher und semantischer Aspekt miteinander zusammenhängen, wenngleich die Beziehung eine willkürliche und zufällige ist; denn weder das **Denken** noch das zu befördernde **Lautmaterial** sind Saussure zufolge Strukturen, sondern amorphe Massen. Erst die Berührung des Denkens mit dem Laut führt zu einer bestimmten Zahl von Einteilungen, die durch diese Substanzen selbst unerklärlich sind.

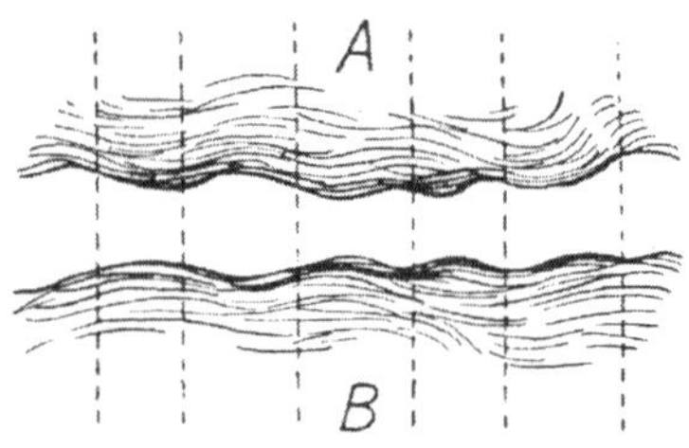

Abbildung 3: Laut- und Gedankenmasse

Die Elemente, die diese Bedingung der Verbindung von Begriff und Lautbild erfüllen, nennt Saussure **Zeichen**.

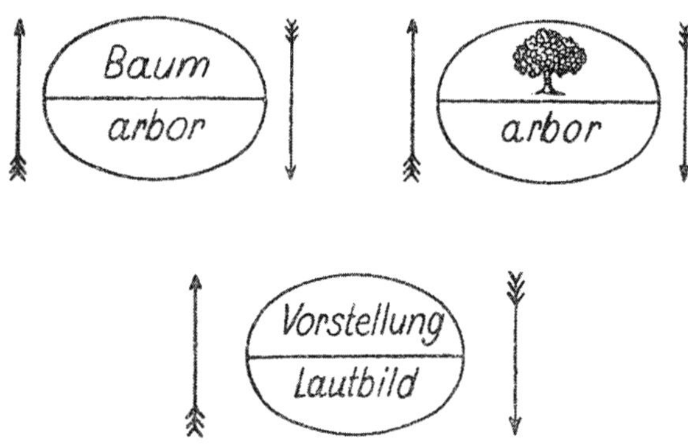

Abbildung 4: Zeichen als Verbindung von Signifikant und Signifikat

Er schlägt vor, das Wort Zeichen für das Ganze beizubehalten und für Begriff bzw. Inhalt bzw. Vorstellung das Wort **Signifikat** sowie für Lautbild bzw. Form **Signifikant** zu verwenden. Es werden also diejenigen Laute als Einheit zusammengefasst, die von der Sprache mit einem Inhalt verknüpft werden, und nur jene Elemente sind sinnvoll, die einen abgrenzbaren Signifikanten besitzen. Das Zeichen ist daher für Saussure nicht primär Name, der ein ihm äußerliches Phänomen nennt, sondern besteht aus einem Gegensatz von Signifikat und Signifikant, die in arbiträrem, also zufälligem Verhältnis zueinander stehen. Damit ist die Sprache nicht mehr in bezug auf Bedeutung Repräsentation, sondern **Artikulation**. In einer solchen Sprache der Artikulation herrscht als konstitutives Prinzip die Differenz. Dies bedeutet, dass jede konkrete Entität der Sprache einen Wert und eine Funktion erhält. Dieser Wert, der die Stellung des Elements im Gesamtsystem bestimmt, ist kein positiver, der durch einen Inhalt bestimmt würde, sondern ein negativer, der durch die Beziehung des Elements mit den anderen Einheiten des Systems gegeben ist. Die genaueste Eigenschaft des Elements, seine Identität sowohl auf der Seite der Signifikanten als auch auf der Seite der Signifikate, besteht darin, etwas zu sein, was die anderen nicht sind. Ein Laut kann nur als Signifikant funktionieren, sofern er sich von anderen unterscheidet; und ein Gedanke wird zum Signifikat erst durch einen Gegensatz zu anderen Gedanken. Daraus folgt, dass man die Termini nicht bestimmen kann, ohne gleichzeitig eine Hypothese über ihre Organisation zu behaupten. Die Entdeckung der Elemente und die Entdeckung des Systems ist für die **synchronisch** ausgerichtete strukturale Sprachwissenschaft eine und dieselbe Aufgabe. Die Auffassung, dass es sich bei der Sprache nicht um eine Substanz, sondern um eine Form handelt, illustriert Saussure immer wieder gerne am Modell des Schachspiels. Im System »Schachspiel« sei das Wesentliche nicht die Materialität der Figuren und der Felder, auf denen sie operieren, sondern eine Organisation oder eine Struktur von zwei mal sechzehn Elementen, deren Funktionen genau definiert seien. Die einzelnen Figuren hätten so wie die einzelnen Sprachelemente kein absolutes Gewicht. Ein kleiner Stein eines Spielers könne aufgrund seiner Stellung weit mehr bedeuten als eine große Figur des anderen Spielers, weil es um die Beziehung der Elemente, um ihre gegenseitige Stellung und um ihren Verweisungszusammenhang gehe. Der relativen Unwichtigkeit der Substanz stehe auf der anderen Seite die geringe Bedeutung des **Diachronischen** (d.h. des geschichtlichen Nacheinanders) gegenüber; auf die zu einer bestimmten Situation führenden Ereignisse komme es nicht so sehr an wie auf das Resultat oder die gegenwärtige Situation. Für ein adäquates Studium der Sprache ist die Herkunft ihrer Zeichen zweitrangig.

Für die an Saussure orientierten Strukturalisten ist also die Sprache ein Musterfall aller menschlichen und zwischenmenschlichen Ordnungen, weil sie am deutlichsten, am sinnfälligsten und am geordnetsten in Erscheinung tritt, und sie ist in ihrer Ansammlung von Zeichen ein **System binärer Oppositionen**, das sich mit einem Schlag aus der Berührung zweier amorpher Massen bildet. Präziser gesagt als bisher stellt sich die gleichzeitige Konstituierung von Signifikant und Signifikat, also von Bedeutendem und Bedeutetem für Saussure folgendermaßen dar:

»Psychologisch betrachtet ist unser Denken, wenn wir von seinem Ausdruck durch die Worte absehen, nur eine gestaltlose und unbestimmte Masse. Philosophen und Sprachforscher waren sich immer darüber einig, dass ohne die Hilfe der Zeichen wir außerstande wären, zwei Vorstellungen dauernd und klar auseinander zu halten. Das Denken, für sich allein genommen, ist wie eine Nebelwolke, in der nichts notwendigerweise begrenzt ist. Es gibt keine von vornherein feststehenden Vorstellungen, und nichts ist bestimmt, ehe die Sprache in Erscheinung tritt. Gegenüber diesem verschwommenen Gebiet würden nun die Laute für sich selbst gleichfalls keine fest umschriebenen Gegenstände darbieten. Die lautliche Masse ist ebenso wenig etwas fest Abgegrenztes und klar Bestimmtes; sie ist nicht eine Hohlform, in die sich das Denken einschmiegt, sondern ein plastischer Stoff, der seinerseits in gesonderte Teile zerlegt wird, um Bezeichnungen zu liefern, welche das Denken nötig hat. Wir können also die Sprache in ihrer Gesamtheit darstellen als eine Reihe aneinandergrenzender Unterabteilungen, die gleichzeitig auf dem unbestimmten Feld der vagen Vorstellung ... und auf dem ebenso unbestimmten Gebiet der Laute ... eingezeichnet sind«. (de Saussure 1967, 133)

Wenn Saussure sich auch bemüht, diese beiden Ordnungen von Differenzen gleichberechtigt einander gegenüberzustellen, um sie schließlich in der Totalität des konkreten Zeichens aufzuheben, ist die Symmetrie nur eine scheinbare. Sofern die Sprache kommunikative Bedeutung besitzt, ist ihre Zerlegung in Einheiten (die Gegenstand jeder autonomen Sprachwissenschaft sein muss) letztlich immer vom Sinn her bestimmt. Diese Widersprüchlichkeit ist auch Saussure selbst nicht verborgen geblieben, wenn er explizit formuliert, dass eine Reihe von Lauten erst dann sprachlich ist, wenn sie als Träger einer Idee funktioniert; allein genommen ist sie nur das Material einer physiologischen Studie. Damit wird eine Vorherrschaft des Signifikats über den Signifikanten impliziert , was schließlich darin seinen Ausdruck findet, dass Saussure in der Formel des Zeichens das Signifikat über den Signifikanten setzt.

Lacan dreht jedoch die Saussuresche Formel um und postuliert damit die Vorherrschaft des Signifikanten über das Signifikat. Die Gesamtheit der Signifikate erhält nämlich erst Kohärenz, indem sie sich an das Netz der Signifikanten anhängt bzw. das Signifikat wird erst durch seine Verweisung auf andere Signifikate, d.h. durch den Signifikanten mit sich identisch. Der Signifikant schlägt sich somit im Signifikat nieder. Damit wird die Sprache eindeutig zur Artikulation und die von der Auffassung der Sprache als Repräsentation getragenen Ontologie verworfen. Das bedeutet: Die höchste Illusion für den Menschen ist es, dass er die symbolische Ordnung geschaffen zu haben glaubt. Wenn er in ihr denkt, ist er in seinem Sein gefangen. Das Subjekt ist von der Sprache nicht nur beherrscht, sondern wird auch durch sie endgültig konstituiert.

Der Eintritt des Kindes in die symbolische Ordnung

Der dritte Abschnitt des Spiegelstadiums (etwa um den 14. Lebensmonat) mit der allmählichen Identifizierung des körperhaft erlebten Ichs mit dessen Abbild in der Umwelt ist auch der erste Schritt in die ödipale Beziehungskonstellation: Als unvollständiges und Hilfe benötigendes Wesen ist das Kind darauf angewiesen, von der Mutter begehrt zu werden, womit es seinen Wunsch veräußerlicht und ihn zum Objekt des Wunsches des Anderen macht. Das erste Wunschobjekt wäre demnach ein Wunsch, der darin besteht, gewünscht zu werden. Damit der Andere begehrt, muss er aber einen Mangel empfinden, was für eine Mutter nach der Geburt des Kindes in besonderem Maß der Fall ist. So identifiziert sich das Kind mit dem fundamentalen mütterlichen Mangel und damit unbewusst mit dem **Phallus** als das, was der Mutter fehlt.

In diese imaginäre Beziehung tritt nun eine dritte Figur als Spielverderber ein: Der »Vater« als etwas, was die Mutter außer dem Kind noch begehrt, in der Regel die konkrete Person Vater. Diese Instanz ist Träger eines Gesetzes oder des Gesetzes schlechthin, da sie dem Kind die phallische Identifikation verwehrt und damit der Mutter den Besitz des Phallus in der imaginären Gleichung Kind = Penis. Diese Begegnung mit dem Vater als Träger des Gesetzes stellt für Lacan die zweite Stufe des Ödipuskomplexes dar.

In der weiteren Stufe schließlich identifiziert sich das Kind mit der väterlichen Instanz und tritt damit in die symbolische Ordnung, in die Ordnung der Sprache ein. Der Vater ist nämlich, seiner grundlegenden Rolle nach, weder der Zeugende (**realer Vater**), noch das Objekt einer erlebten Beziehung (**imaginärer Vater**), sondern der Träger eines Wortes, das das Gesetz bedeutet. In diesem Sinn geht es um die Funktion des **symbolischen Vaters** bzw. um die **Vatermetapher**, welche Lacan **»le nom-du-pére«** nennt.

Das französische »le nom-du-pére« lässt lautlich auch die Bedeutung »le non du pére«/ »Das Nein-des-Vaters« zu.

Zunächst muss jedoch die Mutter den Vater als Urheber des Gesetzes anerkennen, damit das Kind den Namen des Vaters anerkennen kann. Tut sie das nicht und verweigert das Kind das Gesetz, so bleibt das Imaginäre bestehen und damit die Unterwerfung des Kindes unter die Mutter. Wenn die Mutter und das Kind das väterliche Gesetz, das freilich nicht an die Anwesenheit eines realen Vaters geknüpft ist, sondern auch vom mütterlichen Diskurs als etwas Verwehrendes oder Verbietendes getragen wird, annehmen, kann sich das Kind auch mit dem Vater als dem, der den **imaginären Phallus** als Penis trägt, identifizieren. Der Penis ist zwar der Signifikant für beide Geschlechter, befindet sich aber doch am Körper des Vaters. Der Vater setzt also damit den Phallus an die richtige Stelle: Er kennzeichnet ihn als Wunsch der Mutter und er kennzeichnet ihn als Objekt, das sich vom Kind unterscheidet. Das Kind ist nicht mehr das, was der Mutter fehlt, es ist ein Anderer, der hat, was der Mutter fehlt, sei es der Penis beim Knaben, sei es – phantasmatisch oder real existierend – ein entsprechendes Ersatzobjekt beim Mädchen. Durch die Identifizierung mit diesem Anderen, die anfänglich bei beiden Geschlechtern wirksam ist, tritt das Kind auch von der **Kategorie des Seins** in die **Kategorie des Habens** ein.

Diese Korrektur ist eine **symbolische Kastration**: Der Vater kastriert das Kind, indem er es vom Phallus unterscheidet und von der Mutter trennt. Damit wird das Kind ein Subjekt, das sich von den beiden anderen Subjekten unterscheidet, es ist befreit und erlangt seine endgültige Subjektivität. Genauso, wie es vom imaginären Ich zum symbolischen Subjekt vorangeschritten ist, hat sich auch sein Gegenüber vom imaginären Doppelgänger zum sprechenden Anderen verwandelt. Dadurch wird aber die **Spaltung der Selbstrepräsentanz** nicht aufgehoben, sondern verdoppelt: nach der Repräsentation bzw. Entfremdung durch das Bild findet der Mensch auch in der Sprache keine Seinsgrundlage. Auch von den Signifikanten wird er nur repräsentiert. Wenn das Subjekt »Ich« sagt, wird seine Spaltung offenkundig: es ist sowohl Subjekt der Äußerung als auch Subjekt der Aussage. Deshalb kennzeichnet Lacan das reife, aber stets gespaltene Subjekt mit dem schräggestrichenen Symbol **$**.

Mit der Verdrängung des inzestuösen Wunsches nach der Mutter, der mit dem Nennen des Vaternamens verbunden ist, wird auch der Phallus als Zeichen des Mangels verdrängt. Dies ist nach Lacan als **Urverdrängung** zu betrachten, welche das Unbewusste konstituiert und Anlas für weitere sekundäre Verdrängungen gibt. Damit ist auch die Verankerung des Signifikanten eines Mangels, einer Grenze, eines Verbots im Unbewussten verankert. So findet der kindliche Wunsch sein Ur-Objekt nicht mehr, was ihn nicht daran hindert, stets danach zu suchen, um letztlich doch nur Substitute anzutreffen. Damit wird der Wunsch zum unstillbaren **Begehren**, welches das Wesen des Freudschen Wünschens, aber auch des Freudschen Unbewussten ist. Da sich dieses Begehren der ebenso unabschließbaren Sprache verdankt (schließlich verweist ein Signifikant immer auf einen anderen Signifikanten, sodass Bedeutung nie zu einem Ende kommt), gelangt Lacan nicht nur wie Freud zur Auffassung, dass das Unbewusste aus Wünschen besteht, sondern dass es auch **wie eine Sprache strukturiert** ist.

Was ist das Wesen dieser Struktur? Was sind die Bedeutungsgesetze der menschlichen, d.h. **artikulierten Sprache** im Gegensatz zu einer **Signalsprache** bei anderen Lebewesen?

Wie die Sprachwissenschaft (etwa nach Roman Jacobson) zeigt, kann sich ein Diskurs entlang zweier semantisch verschiedener Linien entwickeln: Ein Thema bringt ein anderes entweder durch **Ähnlichkeiten** oder durch **Nachbarschaft** hervor. Für die Bezeichnung dieser Dimensionen der Substitution einerseits und der Kontiguität andrerseits verwendet er die Begriffe **Metapher** bzw. **Metonymie**. Zeigt etwa die Ersetzung des Ausdrucks »Empfindsamer Mensch« durch den Begriff »Mimose« die Wirkungsweise der Metapher, so wird im Ausdruck »ein Glas trinken« der metonymische Prozess sichtbar. Darauf baut sich auch der lexikalische, vertikale Wortbeziehungen berücksichtigende bzw. grammatikalische, horizontale Wortbeziehungen berücksichtigende Schatz einer Sprache auf.

Diese Grundvorgänge der bewussten Sprache, die am augenfälligsten in der Poesie zutage treten, hat Freud allerdings schon frühzeitig im Bereich des Unbewussten aufgezeigt. Die Traumdeutung ist strenggenommen nichts anderes als die Beschreibung einer sprachanalytischen Ästhetik des Traums, deren Regeln Freud weiterhin in den Fehlhandlungen, im Witz und im neurotischen Symptom wiederfindet, so dass er daraus eine allgemeine Rhetorik des Unbewussten ableiten kann, eine Rhetorik, die sich hauptsächlich an den Gesetzen der **Verdichtung** und **Verschiebung** orientiert. Diese Prozesse entsprechen durchaus den Begriffen von Metapher und Metonymie, so dass Lacan Freud als einen Vorläufer der modernen Linguistik betrachtet, der allerdings noch nicht über ein adäquates Begriffsinstrumentarium verfügte.

Das Unbewusste ist, so gesehen, ein Ort von unterdrückten und verschobenen Signifikanten, der sich durch die umfassende Bewegung der Verdrängung vom fundamentalen Signifikanten des Phallus ausgehend gebildet hat. Diese Signifikanten gehören nach Lacan allerdings weniger einer wörtlichen als vielmehr einer buchstäblichen Ordnung an, weil sie sonst zu sehr an den Sinn gebunden wären. Tatsächlich hat Freud den Traum mit einem Rebus verglichen und das Wort, dessen sich der Traum genauso wie die Neurose zur Entstellung bzw. zur Verdichtung und Verschiebung bedient, nicht nach seinem Inhalt bewertet, sondern nach seinen formalen Beziehungen zu anderen Elementen, sei es Wort, Rede oder Bild. In dieser Hinsicht imponiert das **Unbewusste als Schriftsystem**. Sprache und Schrift kommen uns von außen, vom Anderen her, der spricht und schreibt. So ist das Unbewusste auch **der Andere**, der in uns spricht und dessen Rede in uns eingeschrieben ist. Damit versucht Lacan auch, dem negativen Begriff des *Unbewussten*, der eine Nähe zu dem einer anderen Kategorie zugehörigen *Bewusstsein* suggeriert, einen positiven Begriff entgegenzusetzen.

Literatur

Ducrot, O. (1973): Der Strukturalismus in der Linguistik. In: F. Wahl (Hrsg): Einführung in den Strukturalismus. Suhrkamp, Frankfurt am Main, 13-104

Saussure de, F. (1967) : Grundfragen der allgemeinen Sprachwissenschaft. Walter de Gruyter, Berlin

Bedürfnis, Anspruch, Begehren

Diese Differenzierung des Trieb/Wunsch-Feldes betrifft Lacans Auseinandersetzung mit den Trieben und Triebschicksalen. Zunächst ist zu berücksichtigen, dass der Trieb immer **Partialtrieb** und als solcher an eine bestimmte erogene Zone gebunden ist. Wenn auch dem Genitaltrieb eine gewisse Vorrangigkeit einzuräumen ist, trägt er dennoch nicht auf natürliche Art die sogenannte *ganze Sexualstrebung*. Weiters wird im Gegensatz zum Freudschen Triebdualismus von libidinösen und aggressiven Strebungen davon ausgegangen, dass jeder Trieb sowohl **Sexual- als auch Todestrieb** ist, weil er auf sofortige Befriedigung aus ist und daher auf seine eigene Auslöschung hinarbeitet. Darüber hinaus ist zu bedenken, dass der Mensch gerade durch seine sexuelle Fortpflanzung auch sterblich ist. Um die destruktive Seite des Triebes zurückzudrängen, muss Triebaufschub, Triebzähmung und Triebbegrenzung geleistet werden. Der Trieb ist bei Lacan vor allem an den Mangel gebunden, an der »Not des Lebens«, wie es Freud formuliert hat. In dieser Hinsicht äußert sich der Trieb zunächst als **Bedürfnis**, das aber eher dem Somatischen als dem Psychischen zuzurechnen ist und subjektives Erleben nicht unbedingt voraussetzt (wie etwa das Bedürfnis des Körpers nach Glukose im Insulinkoma). Das reine Bedürfnis zielt auf ein Objekt und befriedigt sich daran. Den ersten Bedürfnissen des Säuglings, deren Befriedigung nur mittels einer anderen Person erfolgen kann – Hunger und Nahrungsaufnahme vor allem – stellt sich jedoch eine Macht entgegen, über die die Mutter vefügt, indem sie das benötigte Objekt, die Brust, gewähren oder vorenthalten kann. Genau auf diese Macht, die sich vor die Befriedigung des Bedürfnisses stellt und die das Bedürfnis vermöge ihres Privilegs des Schenkens oder der Verweigerung transzendiert, zielt das, was Lacan den **Anspruch** nennt. Der Anspruch ist somit im wesentlichen nicht auf konkrete Gegenstände gerichtet, sondern ist eigentlich Anspruch auf Liebe, zielt auf Abwesenheit oder Anwesenheit. Die Herkunft dieses Anspruchs ist in jener Hilfsbedürftigkeit zu suchen, über die Freud gesagt hat:

»Die Intrauterinexistenz des Menschen erscheint gegen die der meisten Tiere relativ verkürzt; er wird unfertiger als diese in die Welt geschickt [...] Dies biologische Moment stellt also die ersten Gefahrensituationen her und schafft das Bedürfnis, geliebt zu werden, das den Menschen nie mehr verlassen wird.« (Freud, 1926, S. 186)

Die Macht aber, die den Zugang zum Objekt verstellt, hat eine Tendenz, Bedürfnisbefriedigungen zu erniedrigen, weil jede Bedürfnisbefriedigung gleichzeitig den Liebesanspruch zerschellen läßt. Andauernde Verkennung des Liebesanspruchs, kann sich verhängnisvoll auswirken, wie Lacan es im Falle der Anorexia nervosa aufzeigt. Hier wird stets etwas gegeben, was man hat (die Nahrung), anstatt auch etwas zu schenken, was man nicht hat (die Liebe), woraufhin das Kind die Nahrung verweigert und mit seiner Weigerung wie mit einem Begehren spielt.

Damit ist der dritte Begriff, nämlich der des **Begehrens**, genannt, der, ganz im Sinne des Freudschen Wunsches, das Streben im Unbewussten darstellt, welches, wie bereits erwähnt, unerfüllbar ist und sich an keinem Objekt mehr befriedigen kann. Hier ist der Trieb durch die »Engführung der Signifikanten« gegangen, die, im Hinblick auf Bedeutung, ebenfalls unabschließbar sind. Lacans Feststellung, dass das Begehren des Menschen das Begehren des anderen ist, heißt einerseits, dass wir das Begehren (mit der Sprache) vom Anderen her erhalten und andererseits, dass wir stets etwas anderes begehren.

Literatur

Freud S. (1926): Hemmung, Symptom und Angst. G.W. XIV, 111-205

B) Die klinischen Strukturen

Aus der Sicht der strukturalen Psychoanalyse ist die Nosologie psychogener Störungen relativ einfach. Lacan hielt sich im Allgemeinen an jene Diagnostik, an der sich auch Freud orientierte, wenngleich er sie durch bestimmte Aspekte erweiterte und zu klinischen Strukturen ausarbeitete. Diese diagnostischen Kategorien, die sich auf drei grundsätzlich voneinander zu unterscheidende Störungen (mit jeweiligen Subkategorien) reduzieren lassen, nämlich **Neurose, Perversion und Psychose**, gehorchen nicht einem Klassifizierungsstreben hinsichtlich klinischer Bilder, welches zumeist unter Auflösung gewohnter Zusammenhänge Symptome und Syndrome zu immer neuen Störungen zusammenfasst. Sie sind vielmehr praxisorientiert und nehmen Rücksicht auf psychoanalytische Behandlungsverfahren und Therapieziele, wobei dem Ort und der Funktion des Analytikers im Übertragungsgeschehen besondere Bedeutung zugemessen wird.

Die drei Strukturen beruhen auf der Verschiedenartigkeit von **Abwehrvorgängen**, welchen für die jeweilige Struktur ursächliche Wirkung zugeschrieben wird. Diese Abwehrprozesse beziehen sich auf die Akzeptierung bzw. Nichtakzeptierung von Vorstellungen, Wahrnehmungen und Realitäten, die mit einem grundsätzlichen Mangel verbunden sind und letztlich auf die **Abwehr der (symbolischen) Kastration** hinauslaufen. Hatte schon Freud auf die **Verdrängung** als Ursache der Neurose und auf die **Verleugnung** als Ursache der Perversion hingewiesen, so arbeitete Lacan im Prozess der **Verwerfung** (*forclusion*) einen für die Psychose spezifischen Abwehrvorgang heraus, der sich in Freuds Werk ebenfalls an mehreren Stellen, allerdings in seinen frühen Schriften, finden lässt. Schematisch lassen sich die durch die verschiedenen »Negationen« produzierten psychopathologischen Bildungen in den jeweiligen

Strukturen im Kontrast zur Struktur der »Normalität« (Sublimierung) folgendermaßen darstellen:

STRUKTUR	PROZESS	PRODUKT
NEUROSE	VERDRÄNGUNG in einem umfassenderen Sinn	NEUROTISCHES SYMPTOM
PSYCHOSE	VERWERFUNG	HALLUZINATION
PERVERSION	VERLEUGNUNG	FETISCH
SUBLIMIERUNG	AKZEPTIERUNG DER KASTRATION	»SCHRIFT« Inskription ins Unbewusste

Tabelle 1: Die klinischen Strukturen

Vor allem aus Gründen der Chronologie der psychischen Entwicklung, aber auch aufgrund der Tatsache, dass sich Lacan (im Gegensatz zu Freud) dem klinischen Feld von der Psychose her genähert hat, soll diese Struktur hier zuerst näher betrachtet und erörtert werden.

Psychose

Diese Zusammenfassung beruht auf einem Buchbeitrag (Ruhs 2001), der neben einschlägigen Lacan-Texten (vor allem Lacan 1938 und 1958) Arbeiten verschiedener Autoren berücksichtigt, deren Lektüre zur Vertiefung des Verständnisses empfohlen sei (insbesondere Fink 2005, 111-152 und Nasio 1999, Kapitel *Verwerfung*, sowie Lang 1981 und Naveau 1988).

Ins Zentrum seiner Konzeption stellt Lacan einen Abwehrmechanismus, den er als für die Psychose(n) spezifisch erachtet und bei dem er auf einen Begriff Freuds zurückgreift: die **Verwerfung.** In seiner frühen Überlegung zu den Abwehr-Neuropsychosen hatte Freud (1894) gemeint, dass der Psychotiker eine so energische Abwehr unerträglicher Vorstellungen einsetze, dass er mit der Vorstellung auch ein damit zusammenhängendes Stück Realität »verwerfe«. Für Lacan (s. dazu Lacan 1958) bedeutet hingegen Verwerfung »Verwerfung der Vatermetapher im Unbewussten«, wodurch das spätere psychotische Subjekt den Signifikanten des Mangels, den phallischen Signifikanten nicht in sein Unbewusstes integriert und damit die symbolische Kastration umgangen hat. Darauf soll später noch näher eingegangen werden. Mit der Verwerfung geht die stärkere Betonung der **Vaterfunktion** für psychotische Entwicklungen einher, während im Gegensatz dazu die meisten anderen postfreudianischen Theorien der Mutter die entscheidende Rolle zuweisen. Wie immer auch die jeweiligen zur Psychose beitragenden intersubjektiven Beziehungs- und Kommunikationsformen konkret aussehen mögen, so verfügt schließlich das psychotische Subjekt uber nur mangelhaft entwickelte Kategorien und Grenzen im psychischen Repräsentationssystem (mit den Folgen des Konkretismus und der Verwechslung zwischen den Registern von Imaginärem, Symbolischem und Realem, zwischen Bild und Begriff, Zeichen und Gegenstand usw.) und es neigt zu einer Amalgamierung von Sein und

Bedeutung, d. h. zu einem All-Bewusstsein, zu Verschmelzungserfahrungen und zu einem außerhalb der Symbolisierung gelegenen **Genießen** (jouissance) im Realen, was im Moment der Auslösung der Psychose und im Zuge einer Regression auf primäre Stadien vor allem des Oral- und Schautriebes voll zur Wirkung kommt.

Das Misslingen der ödipalen Identifizierung

Hier ist hervorzuheben, dass nach Lacan (1938) beim Eintritt in den Ödipus-Komplex die Vater-Imago einen neuen, nämlich ödipalen Status erhält, was beim Kind zu einem besonderen Erlebnis unter dem sogenannten »**Licht des Erstaunens**« führt. So wird einerseits die Vater-Imago zum Idealisierungspol, wobei sich beim Knaben das Ideal der Männlichkeit und beim Mädchen das Ideal der Jungfräulichkeit aufrichtet; diese »Transfiguration« des väterlichen Objekts koinzidiert aber auch mit einer anderen Operation, die eine »**Sublimierung der Realität** bedeutet. (s. dazu Naveau 1988)

Grundlage für diese Prozesse ist eine spezifische Identifizierungsform, welche folgendermaßen schematisiert werden kann:

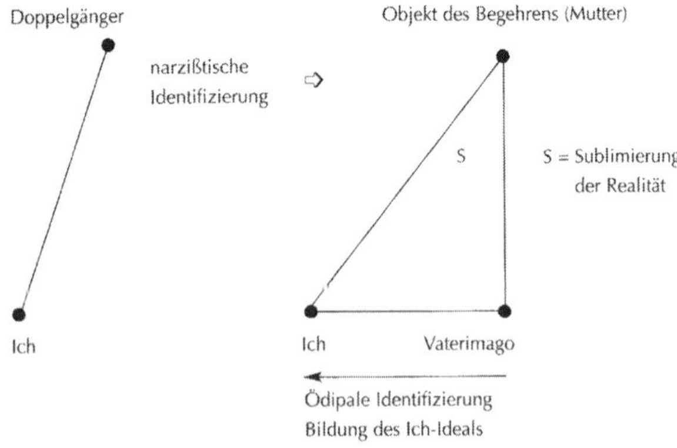

Schema 1: Vom Narzissmus zum Ödipus (nach Naveau)

Im Transformationsgeschehen der ödipalen Identifizierung entsteht aus einer Beziehung mit zwei Elementen bzw. Termen ein sogenannter »Komplex«, d.h. eine Beziehung mit drei Elementen bzw. Termen. Dabei bildet sich auch eine Beziehungsopposition heraus, in welcher das Objekt der Identifizierung (der Vater) nicht mehr das Objekt des Begehrens (die Mutter) darstellt. Die ursprünglichste aller Objektbeziehungen, welche sowohl das Begehren des anderen als auch die Identifizierung mit dem anderen zusammenfasst, fällt also auseinander. Das Objekt des Begehrens verschwindet nunmehr, sobald das Objekt der Identifizierung erscheint und das, was als Sublimierung der Realität bezeichnet wird, erfüllt sich dann, wenn dem Objekt der Identifizierung der Vorrang vor dem Objekt des Begehrens eingeräumt wird. Somit stützt die ödipale Identifizierung gleichzeitig die ihr vorangegangene narzisstische Identifizierung, indem sie ihr einen Rahmen verleiht. Das väterliche Objekt erscheint dabei in einer »neuen Realität«, in der es auch in eine Oppositionsstellung zum Ich gelangt, seitdem es diesem einen begrenzten Rahmen eines Selbst, seines Selbst, verliehen hat. Gleichzeitig vollzieht sich eine gewisse Umrahmung des Begehrens: Das Vaterobjekt verstellt den Weg zum Begehren der Mutter, es repräsentiert aber gleichzeitig das verbotene Genießen, weil der Vater gerade als einziger das Verbot übertritt. So wird das Vaterobjekt zum Zentrum für die Schöpfungen der Leidenschaft und gibt der Sublimierungsenergie ihre kreative Richtung.

Was nun die Frage der Auslösung der Psychose betrifft soll den weiteren Überlegungen vorausgreifend schon hier bemerkt werden, dass sich beim Eintritt in die Psychose offenbar genau jener Vorgang abspielt, der dem Eintritt in den Ödipuskomplex entspricht. Auch hier entsteht für Lacan durch die Transfiguration des väterlichen Objekts eine unaussprechliche Fremdheit, die aber anstelle des »Lichts des Erstaunens« eine »**rätselhafte Bedeutung**« mit Schockwirkung mit sich führt. Der daraus resultierende und für die Psychose bestimmende Wendepunkt verhindert die Sublimierung der Realität. Damit kommt es auch nicht zur Bildung einer Beziehung zwischen drei Elementen oder Termen, sondern es wird die Beziehung von zweien beibehalten. Das Objekt der Identifizierung erlangt nicht den Vortritt vor dem Objekt des Begehrens und der Rahmen des Begehrens bricht zusammen. In diesem Prozess zerfällt nicht zuletzt der oberflächliche Konformismus, mit dessen Hilfe das Subjekt bis dahin den Narzissmus seiner Beziehung zur Realität maskiert hat. Die Opposition, die beim Ödipus-Komplex zwischen dem väterlichen Objekt und der dualen Beziehung »Ich – anderer« besteht, wird nun zur Opposition zwischen »Ich« und »anderer«. Dieser andere im Subjekt macht sich nun über das Subjekt lustig, er setzt es herab, er verstößt es. Sein Sprechen, seine Signifikanten kehren zum Realen zurück, und sie werden von dort aus als äußere »Vokalisierung«, als verbale **Halluzinationen** mit Selbstdiffamierungscharakter zum Gegenstand entschiedener Wahrnehmung. Hier zeigt sich nun das Zusammenbrechen des archaischen Ich. Der Doppelgänger, mit dem man sich identifiziert hat, wird nun zum Gegner. Gleichzeitig bezeugt die Diffamierungstendenz die entwicklungsgeschichtliche Affinität des ganzen Prozesses zur moralischen Repression und zu Auswüchsen der Über-Ich-Strukturen.

Die Verwerfung (forclusion)

Nach diesem frühen Entwurf in seinem Beitrag über die familialen Komplexe (Lacan 1938) versucht Lacan in der weiteren Folge seiner Theoriebildung zu erfassen, worin der genauere Mechanismus der ödipalen Entwicklungsstörung beim Psychotiker besteht und stößt dabei auf den Abwehrmechanismus der Verwerfung. Dabei tritt die konkrete Erfahrung mit dem Objekt bzw. dessen imaginärer Repräsentanz als Grundlage für das Gelingen oder Misslingen der ödipalen Herausforderung in den Hintergrund zugunsten einer Erfahrung mit symbolischen Repräsentanzen des Objekts, zunächst des väterlichen Signifikanten, dann, in schärferer Reflexion, mit dessen Wirksamkeit als phallischer Signifikant, der neben dem »Licht des Erstaunens« das Phänomen und den Affekt der Scham auftauchen lässt. So erweist sich mehr und mehr, dass die Kausalität einer mangelnden Verankerung in der ödipalen Struktur bzw. einer heilsamen (symbolischen) Kastration beim Psychotiker als Unfall einer logischen bzw. linguistischen Operation zu betrachten ist.

Als Theorie des Mangels zeigt eben die Psychoanalyse, dass sich Neurotiker, Perverse und Psychotiker untereinander sowie gegenüber dem sublimierenden sogenannten Normalen darin unterscheiden, wie sie mit dem menschlichen Grundproblem der Kastration in ihrer umfassendsten Bedeutung umgehen. Während es dem Nichtneurotiker gelingt, den durch die Aufhebung in Repräsentanzen und durch imaginäre und symbolische Entfremdung hervorgerufenen strukturellen Seinsmangel und seine durch Instinktverlust bedingte Unvollkommenheit grundsätzlich zu akzeptieren, sodass er seine eigene Geschlechtlichkeit anerkennen und seine Grenzen erfahren kann, ist für den psychisch Kranken die Vorstellung der Kastration unerträglich, weshalb er sie ständig einem Abwehrprozess unterwerfen muss. Es ist bereits darauf hingewiesen worden: Dieser Prozess ist beim Neurotiker der der Verdrängung in einem relativ weitgefassten Sinn, wobei als Produkt das neurotische Symptom entsteht. Der Perverse hingegen verleugnet die Kastration und produziert dabei den Fetisch, welcher seine doppelte Buchführung von bewusster Kastration und unbewusster Nicht-Kastration verschleiern und der Verleugnung eine Stütze im Realen verleihen soll. Die Verwerfung schließlich im Fall der Psychose, welche zum Fall in die Psychose Anlass gibt und die Halluzination als Produkt erzeugt, ist die am schwersten wiegende Störung der Symbolisierung der Kastrationserfahrung, sodass ihre massive Nichtanerkennung beim Psychotiker zu einer Ungewissheit gegenüber seinem Geschlecht und zu einem umfassenden Verlust des Realitätssinnes führt.

Nach Freud geht es bei der **Kastrationsphantasie** grundsätzlich um die schmerzhafte Erfahrung der Kastration der Mutter, die deshalb so schmerzhaft ist, weil das Kind damit gewahr wird, dass es den Penis verlieren kann oder ihn bereits verloren hat und weil damit die Ernsthaftigkeit des väterlichen Inzestverbots untermauert wird.

Der Kastrationserfahrung liegt somit folgende Logik zugrunde (s. dazu Nasio 1999):

- Zuerst, in einer mythischen Vorzeit, wird **allen Menschen ein Penis** zugeordnet. Diese allgemeine Zuteilung beruht somit auf einem *Attributionsurteil.*
- Danach kommt es zur Wahrnehmung des **Fehlens eines Penis**, wodurch ein *Existenzurteil* über die Kastration erfolgt: Mindestens eine Person, die Mutter, hat keinen Penis. Dieses Existenzurteil setzt sich aus der Wahrnehmung zusammen, dass die Mutter keinen Penis besitzt und dass der Vater den Inzest verbietet und damit eine Grenzsetzung ausspricht.

Für Lacan ist die psychotische Verwerfung (der Kastrationserfahrung) unter einem dreifachen Aspekt des zu Verwerfenden zu sehen, was, wie bereits erwähnt, sowohl in bezug auf eine Logik (innerhalb der symbolischen Dimension) als auch in bezug auf die klassische Ödipusfassung als Triade von Mutter, Vater und Kind zu gelten hat:

a) das universale Ganze
b) das Eine der Existenz
c) der Mangel selbst.

Zunächst sieht Lacan die Unmöglichkeit für das zukünftige psychotische Subjekt darin, daß es das »universale Ganze«, auf dem sich das »Eine der Existenz« aufbauen könnte, nicht erfahren kann.

Ab etwa 1955 sieht er aber die Verwerfung vorwiegend in einer Operation, die sich nicht auf das Universelle (der Attribution) bezieht, sondern auf den väterlichen Signifikanten, den **»nom-du-père«** (symbolischer Vater, Vatermetapher). Der »nom-du-père« ist somit jede symbolische Äußerung, die die Mutter (oder auch das Kind) hervorbringt, welche sich auf die dritte Instanz bezieht, auf die väterliche Instanz als Gesetz des Inzestverbotes. Es ist die väterliche Metapher, die das Begehren der Mutter und auch das Begehren des Kindes, das wiederum vom Begehren der Mutter bestimmt wird, kennzeichnet.

Bezogen auf die konkrete intersubjektive Ödipalität zeigt sich der dreifache Aspekt des Verwerfungsgegenstandes in folgender Weise:

a) Das universelle Ganze ist in der allmächtigen Mutter verkörpert.
b) Das Eine des Signifikanten bezieht sich auf den »nom-du-père«, die Vatermetapher.
c) Der Mangel bezieht sich auf das, was der Mutter fehlt, somit auf ihr Begehren.

Unter der Vatermetapher ist selbstverständlich keine objektive Bezeichnung für etwas Bestimmtes oder für den realen, konkreten Vater zu verstehen, sondern es handelt sich um eine metaphorische Repräsentanz, die das Begehren der Mutter oder des Kindes kennzeichnet, was sich in einem Symptom, in einer Geste, in einem Wort, in einer Entscheidung oder in einer Handlung ausdrücken kann. Somit ist der Platz des »Vaternamens« zwar immer nur einer, aber die Elemente, die sich an ihm einfinden können, sind immer vielfältig und unendlich.

Da die Vatermetapher das Begehren der Mutter evoziert und damit indiziert, dass der Mutter etwas fehlt – sonst könnte sie kein Begehren haben, wobei hier das Kind den Mangel nicht zu beheben vermag und dessen Behebung ihm auch untersagt ist – kommt dem »Namen des Vaters« auch eine phallische Bedeutung zu,

Beim Eintritt in die Psychose erweist sich nun aber, dass anstelle des »Namens des Vaters« im Unbewussten, anstelle des Anderen des Signifikanten nur ein reines Loch antwortet.

Infolgedessen findet sich auch am Ort der Bedeutung, welche durch die Metapher hätte entstehen sollen, am Ort der phallischen Bedeutung also, ebenfalls ein Loch. So bleibt die Bedeutung, die durch den Signifikanten des Begehrens der Mutter geschaffen worden wäre, rätselhaft, und auf die Frage, was die Mutter begehrt, gibt es keine Antwort.

Das phallische Schwergewicht der Vatermetapher bringt es auch mit sich, dass die Scham als affektive Grundtönung den Substituierungsprozess des mütterlichen Begehrens begleitet, was im Falle der Psychose das Subjekt in höchste Bestürzung treibt, sobald es sich einem Objekt gegenübersieht, das eine Metaphorisierung innerhalb des phallischen Bedeutungsrahmens erfordert oder erzwingt. Denn im Subjekt selbst ist der »Name des Vaters« die immer wieder sich erneuernde Antwort auf einen Appell, der von einem anderen herkommt, von einem Mitmenschen außerhalb des Subjekts. Die Verwerfung besteht nun genau genommen in einer Suspension einer solchen Antwort auf das an das Subjekt gerichtete Verlangen, eine Stellungnahme abzugeben, eine Handlung zu vollziehen oder eine Grenze zu setzen. Somit bleibt an der Stelle und in dem Moment der Signifikant des »Namens des Vaters« aus, wo er zu seinem Auftauchen aufgerufen war. In der Auslösesituation der Psychose bezieht sich die Nichtantwort auf einen Appell, der von einer Person kommt, **die in einer dritten Position steht bezüglich der dualen und imaginären Beziehung des zukünftigen psychotischen Subjekts zu einem Mitmenschen, der leidenschaftlich geliebt oder gehasst wird.** Für die Psychoanalyse bestünde demnach die Aufgabe der Untersuchung der Eintrittsvoraussetzungen einer Psychose in der Enthüllung des Ursprungs eines solchen Appells im Kontext der Situation. Allerdings sind solche Situationen, in welchen sich Beziehungskonstellationen entsprechend einer problematischen (dyadisch–triadischen) »Urszene« wiederholen, grundsätzlich nicht durch Aussagen, Assoziationen und Erinnerungen des Betroffenen zu erhellen, weil man eben hier nicht mit einer Wiederkehr des Verdrängten so wie beim Neurotiker zu rechnen hat. Dieses »Unbewusste« des Psychotikers kann aber eventuell »rekonstruiert« werden, wenn es gelingt, in jeweiligen psychotischen Episoden die vorherrschende Struktur typischer Objektkonstellationen herauszuarbeiten, welche in seiner Sprache nicht einholbar sind, sondern agiert werden müssen und wenn isolierte Erinnerungsstücke und Inhalte von Halluzinationen und Wahnvorstellungen in einen Zusammenhang gebracht werden können, der für das psychotische Subjekt als solcher nicht existiert und dem auch die Anerkennung versagt bleibt. Denn entsprechende Erfahrungs- und Erinnerungsgeschehen sind eben »Abspaltungen« im Sinne der Verwerfung und können durch die mangelnde Symbolisierung, durch die hier fehlende, vom Neurotiker hingegen geleistete affirmative Anerkennung vor dessen negierenden (Verdrängungs-)Abwehr nicht zu einem konsistenten Zusammenhang, nicht zu einem umfassenden Kontext zusammenfließen, der schließlich die Vergangenheit mit der Gegenwart verbindet.

Lacan nennt die Person, die den Vaternamen ans Licht treten lassen soll – was aber in der Psychose ausbleibt – den **»un-père«**, was sowohl »ein Vater« als auch »der Ungerade« (*l'impair*) bedeutet. Lacan nennt als Beispiele eines solchen Dritten den Mann einer Frau, die gerade ein Kind geboren hat, den Beichtvater in bezug auf die Sünderin, die soeben ihre Vergehen gebeichtet hat oder den zukünftigen Schwiegervater, der dem verliebten Mädchen von seinem Verlobten vorgestellt wurde.

Was die Folgen der Verwerfung der Vatermetapher im Unbewussten betrifft, so sind zwei Wirkungsbereiche voneinander zu unterscheiden:

a) Im Symbolischen gibt die Verwerfung Anlass zu einer Reihe von Umordnungen symbolischer Elemente, die zu einer Verwirrung gewöhnlicher Orientierungspunkte bezüglich des Raumes, der Zeit und vor allem der Vorstellungen hinsichtlich der persönlichen Herkunft führen. Denn die Verwerfung führt im Unbewussten zu einem Loch im Feld der Signifikanten, wodurch die Realitätszeichen zum Verschwinden gebracht werden. Am Rande dieses Lochs werden in der Folge neue Realitäten aufgebaut, welche ganz im Sinne Freuds das eigentlich Psychotische diesseits des vorhergehenden Realitätsverlustes ausmachen. Diese neue Realität ist massiv und vereinnahmend, sie ist rätselhaft und unsinnig wegen des Fehlens der phallischen Bedeutung und sie ist unbestreitbar wahr und gewiss, wobei die Gewissheit nicht aus den Beweisen der Fakten stammt, sondern aus der Tatsache, dass sich diese Realität nur an das Ich richtet: weil mich diese Realität betrifft, weil sie mir gehört und weil ich ihr einziger Agent bin (in einer anderen, klassischen Perspektive: Besetzung der Objekte mit narzisstischer Libido).

b) Im Imaginären ist durch die Verwerfung eine Regression bis zum Spiegelstadium möglich. Dabei tritt eine duale Beziehung in bezug auf einen besonders ausgewählten anderen auf, der als Objekt tiefen erotisierten Hasses erscheint, was eventuell zu dessen tödlicher Zerstörung außerhalb oder innerhalb des Subjekts, also sowohl zu Mord als auch zu Selbstmord führen kann. Andererseits kann es zu einer Desintegration des Ich durch das Auftauchen des »Phantasmas des zerstückelten Körpers« kommen.

Die Verwerfung des Namens-des-Vaters ist nicht zuletzt das Nichtvorhandensein des Signifikanten des Genießens im Unbewussten, wodurch das, was vom Genießen aus dem Unbewussten zurückkehrt, nicht an Signifikantes gebunden ist. Das beim Psychotiker damit auftauchende »Ding« ist daher weder Sach- noch Wortvorstellung, sondern frei flottierendes Genießen, das einerseits mit Angst verbunden ist, andererseits aber mit der Gewissheit korreliert, die für die Psychose so bezeichnend ist. Im Gegensatz zum Neurotiker, der bezüglich seiner Symptome durch den Glauben charakterisiert ist, gibt es für den Psychotiker einen solchen auf Grund der fehlenden symbolischen Wahrheitsbegründung nicht. Seine Gewissheit und der mangelnde Schutz vor einem reinen, aber diffusen und nichtlokalisierten Genießen, das der Psychotiker durch die Bildungen des Wahns einzugrenzen versucht, sind hauptsächlich dafür verantwortlich, dass er, wie es Lacan ausdrückte, ein Märtyrer des Unbewussten ist.

Zur Frage der »Psychosenwahl«

Als Missglücken der Urverdrängung, wodurch der Phallus als Zeichen des Mangels nicht ins Unbewusste integriert wird, verhindert die Verwerfung auch eine fundamentale Trennung des letztlich doch geteilten »In-dividuums« in ein Subjekt der Äußerung und ein Subjekt der Aussage, wodurch auch die Kategorien von Sein einerseits und Sinn (Bedeutung) andererseits stets mehr oder weniger verklebt bleiben. So verlegt der Psychotiker sein Sein nicht in eine Instanz des Realen, sofern diese als eine Begegnung mit dem Unmöglichen immer nur eine Grenzerfahrung darstellt und die grundsätzliche Seinsverfehlung des Menschen offenbart, sondern in Objekte oder in Repräsentanten, die ein Sein, eine eigene Existenz oder die Existenz eines Anderen letztlich nur vorstellen können. Durch das Unvermögen, den Mangel zu symbolisieren, ist der Psychotiker ein Bewohner des Alls, er lebt die Totalität und er erlebt das Universum nicht als Reales sondern als Realität. In welche Repräsentanten nun das psychotische Subjekt sein Sein oder das des anderen verlegt, um in einer Vollkommenheit mit dem Wahrgenommenen der nunmehr halluzinatorischen Verkennung aufzugehen, bestimmt offenbar die »Wahl« der Form der Psychose. (s. dazu Widmer, ohne Zeitangabe)

Wenn durch die Verwerfung der Vatermetapher eine Regression zum Spiegelstadium der Subjektentwicklung erfolgt, was noch ein gemeinsames Merkmal aller psychotischen Entwicklungen ist, verlieren sich die Grenzen zwischen dem eigenen Selbst und dem anderen, weil das Subjekt seiner symbolischen Identifizierung verlustig geht, in welcher es durch seinen Eigennamen und seine sprachlich verfassten Eigenheiten repräsentiert wird. In diesem Auflösungsprozess wird das symbolisch verfasste Ich-Ideal ersetzt durch das imaginäre Ideal-Ich als Bild der Vollkommenheit (von der Grandiosität bis hin zum totalen Nichts), in dem nunmehr auch das Ich aufgegangen ist. Damit gelangt das Subjekt auch unter die Herrschaft zweier Triebe, von welchen eine besondere Bedrohung ausgeht: vom Oraltrieb, der ein ständiges Fressen und Gefressenwerden bedeutet, und vom Schautrieb, der hier einer unaufhörlichen Verfolgung durch den Blick des anderen entspricht, ebenfalls mit den Phantasmen gegenseitiger Einverleibung und Vernichtung verbunden.

a) In diesem Dilemma verlegt der **Schizophrene** sein Sein außerhalb seines Körpers. Er verlegt es in die Welt der Zeichen und Symbole, welchen er ihre bildhafte Bedeutung, ihre Signifikate entzieht. Die totale Identifizierung mit dem Signifikanten, die Gleichsetzung seines Namens mit seiner Existenz (das zu sein also, wie man heißt) resultiert aus der misslungenen Urverdrängung, welche im Normalfall im Sinne der symbolischen Kastration zur Erkenntnis führt, dass (in der menschlichen, a-nominalistischen, *artikulierten* Sprache) der Signifikant das Subjekt immer für einen anderen Signifikanten repräsentiert, weil der Signifikant in seiner Bedeutungsfunktion immer auf einen anderen Signifikanten angewiesen ist und somit jede starre Signifikant-Signifikat-Verbindung verunmöglicht, allerdings unter der Voraussetzung, dass der Eine der Ausnahme, d. h. der phallische Signifikant, der Name-des-Vaters, der Signifikant des Mangels und des Gesetzes im Unbewussten verankert ist. Während also der Neurotiker auf Grund der Verdrängung stets unter der Wirkung zweier Signifikanten steht und als zweifach – imaginär und symbolisch – Gespaltener eine Existenz des Zwischenraums lebt, wird der Psychotiker von der »Holophrase« beherrscht, welche die Distanz, die Differenz und die Vermittlung ausschließt.

Die charakteristische Vermeidung des Blicks ist für den Schizophrenen eine notwendige Maßnahme, um der Identifizierung mit seinem Körper als einem gesehenen zu entgehen.

b) Der **Paranoiker** hingegen ist ganz der Körper selbst. Er sucht förmlich den Blick, der ihm diese Körperidentität bestätigt, macht aber gleichzeitig diese Beziehung zunichte, indem er durch die von Freud beschriebenen Projektionsmechanismen die eigene Position in die Position des anderen und die Liebe in Hass verkehrt. Wie der Fall Schreber eindrücklich zeigt, identifiziert er sich ganz mit dem Phallus, mit dem also, was in der Gleichsetzung mit dem Penis der Frau fehlt, wodurch er den Mangel verkörpert und die Kastration vermeidet. Dadurch kann er aber auch nicht Mann sein, was etwa Schreber mit dem Wunsch ausdrückt, eine Frau für Gott zu sein.

c) An der Vollständigkeit, die sich mit der Kategorie des Habens verbindet, orientiert sich andererseits der **Maniker und der psychotisch Depressive**. Dabei wird, im Zustand der Manie, der Mangel am Objekt geleugnet, sodass dieses als ein vollkommenes Objekt erscheint, mit welchem eine totale Identifikation angestrebt wird. Um Freud zu variieren, könnte man diesbezüglich sagen: das Licht des Objekts hat das Ich verzehrt. Unter der Herrschaft des oralen Triebes wird das Objekt zur vollkommenen Brust, die jeden Mangel aufzuheben imstande ist. Wird dieser Zustand gestört, so zeigt sich das Gegenteilige des vollkommenen Objekts, welches sich nun als ein totales Nichts auftut: »Der Schatten des Objekts fiel so auf das Ich« (Freud). In dieses totale Nichts droht der Melancholiker zu stürzen, sobald er der Identifikation mit diesem Loch nicht entrinnen kann.

Therapeutische Konsequenzen

Auch für die strukturale Psychoanalyse ist das Problem des Behandlungsdispositivs im Falle des Psychotikers von überragender Bedeutung. Für Lacan ist eine Behandlung auf der **Couch für den Psychotiker kontraindiziert**. Denn bei Vorliegen einer psychotischen Struktur könne man sicher sein, dass bei Anwendung der Standardsituation die manifeste Psychose zum Ausbruch komme. Denn die klassische Methode sei für den Neurotiker entwickelt worden. Wenn man hingegen die von Freud eingerichtete Technik unabhängig von der Erfahrung, der sie verbunden sei, anwende, so handle man, wie Lacan anmerkt, »ebenso stupid wie einer, der hechelnd die Ruder schwingt in einem Schiff, das auf Sand liegt«. (Lacan 1958, 117)

Die Verwehrung des face-to-face-Kontakts, der immer ein Körperkontakt durch den Blick ist, führt beim Neurotiker in der psychoanalytischen Kur dazu, dass das Register des Imaginären weitgehend ausgeschaltet wird, wodurch das Subjekt zum Vorschein kommt, das nicht die ganze Person bedeutet und auch nicht das Ich im ich-psychologischen Sinn, sondern nur das, was in der Person dadurch bestimmt ist, dass sie spricht. Dadurch kommt es aber auch zur Übertragung, weil diese als Übertragungsliebe eine Funktion des Begehrens und das Begehren eine Funktion der Sprache ist. Denn die Unabschließbarkeit der symbolischen Ordnung der Sprache, ihre metonymische Funktion bedingt eben, dass ein Signifikant ständig auf einen anderen verweist, wodurch ein Wissen und damit auch ein Begehren nie zur Ruhe kommt. Das neurotische Symptom, sofern es sich an einen Analytiker wendet, funktioniert daher immer wie ein Fragezeichen, wie etwas, das nach Bedeutungsgebung verlangt, wobei das Wissen darüber zunächst im Analytiker vermutet wird. Deshalb nennt Lacan auch die Übertragung eine Beziehung zu einem **Subjekt, dem Wissen unterstellt wird** (*sujet supposé savoir)*. Im klassischen psychoanalytischen Dispositiv ist also der Partner des Analysanten nicht der Analytiker in Person, sondern der Andere, also ebenfalls der, der der Sprache (allerdings nicht in ihrer Ganzheit) unterworfen ist und der den Code repräsentiert. Beim Psychotiker hingegen, der in diese Struktur nicht eingeführt werden kann, ist das Verlangen, das er in die Analyse einbringt, ein ganz anderes. Seine Klagen sind nur in bedingtem Ausmaß Fragen, das psychotische Subjekt unterstellt dem anderen kein Wissen, da es selbst weiß. Es weiß, dass der Andere mit ihm etwas vorhat, und wenn der Analytiker aus dieser Position des Anderen spricht, wenn er deutet, so wird auch er zu einem, der mit dem Patienten etwas im Sinn hat, er wird zum Verfolger. Sofern aber der Analytiker eine andere Position einnimmt, wenn er sich dem psychotischen Patienten von Angesicht zu Angesicht stellt und wenn sich seine analytische Funktion auch auf eine Kunst des Zuhörens einschränkt, so kann eine Therapie, ohne auf eine wirkliche Heilung im Sinne eines Wechsels der Struktur hinauszulaufen, durchaus erfolgreich sein. Indem man die Versuche unterstützt, das Loch am Ort der Verwerfung mit Phantasmen anzureichern, kann man Stabilisierungen verstärken oder ermöglichen, psychotische Episoden verhindern oder weitere psychotische Einbrüche hintanhalten und es den Patienten erlauben, ein zumindest erträgliches Leben zu führen oder fortzusetzen. Da es hierbei auf Seiten des Analytikers eher um eine Haltung als um eine Methode geht, scheint es eine Behandlungstechnik im eigenen Sinn dafür nicht zu geben.

Es ergibt sich von selbst, dass auf Grund der Kautelen, die bei der Anwendung des psychoanalytischen Standardverfahrens zu beachten sind, der diagnostischen Abklärung besondere Bedeutung zukommt, um vor allem das Vorliegen einer psychotischen Struktur bzw. einer sogenannten blanden Psychose auszuschließen. Dabei gilt es vor allem, einem möglichen Fehlen der symbolischen Vaterfunktion mit ihren oft nur diskret in Erscheinung tretenden Folgeerscheinungen nachzugehen. Bruce Fink (2005,

111ff) streicht in dieser Hinsicht folgende symptomatische Ebenen heraus, in welchen entsprechende Explorationen zu führen sind:

- ***Halluzinationen*** (die allerdings nicht zwangsläufig Symptome einer psychotischen Störung sind)
- ***Störungen der Sprache*** (Misslingen der symbolischen Überschreibung des Imaginären; Unfähigkeit, neue Metaphern zu bilden; Satzunterbrechungen und Neologismen)
- ***Vorherrschaft imaginärer Beziehungen***
- ***Invasion des Genießens***
- ***Mangelnde Triebkontrolle***
- ***Feminisierungstendenzen***
- ***Das Fehlen einer Frage***

Literatur

Fink, B. (2005): Eine klinische Einführung in die Lacansche Psychoanalyse. Theorie und Technik. Turia & Kant, Wien

Freud, S. (1894): Die Abwehr-Neuropsychosen. G.W. I, 59-74

Lacan, J. (1938): Die Familie. In: Schriften III. Walter, Olten 1980, 39-100

Lacan, J. (1958): Über eine Frage, die jeder möglichen Behandlung der Psychose vorausgeht. Schriften II, Walter, Olten 1975, 61-117

Lang, H. (1981): Abspaltung und Übertragung bei Psychotikern. Psyche 35, 705-717

Nasio, J.-D. (1999): 7 Hauptbegriffe der Psychoanalyse. Turia & Kant, Wien

Naveau, P. (1988): Sur le déclenchement de la psychose. Ornicar?, revue du Champ freudien 44, 77 – 87

Ruhs, A. (2001): Das aufgebrochene Junktim: die »Psychoanalyse« der Psychose. Betrachtungen aus der Sicht der strukturalen Psychoanalyse Lacans. In: Gondek, H.-D. et al. (Hrsg): Jacques Lacan – Wege zu seinem Werk. Klett-Cotta, Stuttgart: 74-94

Soler, C. (1999): Psychoanalyse: für wen? texte. psychoanalyse. ästhetik. kulturkritik. Heft 4, 84-90

Widmer, P.: Strukturen der Psychosen. Unveröffentlichtes Manuskript, ohne Jahresangabe (beim Verfasser)

Die Neurosen

Entsprechend der Nosologie Freuds bezüglich der (Übertragungs-) Neurosen unterscheidet auch Lacan **Hysterie, Zwangsneurose und Phobie**.

Allen drei Neuroseformen gemeinsam ist zunächst der Mechanismus der Verdrängung im weitesten Sinn des Begriffs, was auf die in mehreren Formen mögliche Entfernung unerträglicher Vorstellungen aus dem Bewusstsein des Subjekts und auf ihre Aufbewahrung am Ort des Unbewussten hinausläuft. Im Gegensatz zur Psychose ist der symbolische Vater als Ideal im Unbewussten repräsentiert, die Struktur der Sprache ist in ihren wesentlichen Dimensionen assimiliert, bezüglich der Symptome herrscht der Zweifel statt der Gewissheit. Einer zumeist beträchtlichen Triebhemmung steht aufgrund der Wiederkehr des Verdrängten heftiges Agieren im Sinne von Symptomen und Symptomhandlungen gegenüber, sexuelle Lust wird wiederum hauptsächlich in der Phantasie gesucht. Anders als bei den Perversionen dominiert die genitale Sexualität, wobei eine Ungewissheit über das, was Lust erzeugt, besteht. Aber selbst wenn bestimmte sexuelle Ziele bewusst sind, hat der Neurotiker Schwierigkeiten, sie auch zu verfolgen. Auf jeden Fall weigert sich der Neurotiker im Gegensatz zum Perversen, Ursache des Genießens des Anderen zu sein. (s. dazu Fink 2005, 153-220)

Da das Unbewusste im Freudschen Sinn Effekt der Verdrängung ist, hat der Psychotiker strenggenommen kein Unbewusstes, oder, anders ausgedrückt, liegt sein Unbewusstes offen zutage. Das Unbewusste leitet sich aus einem Wissen ab, was impliziert, dass nur etwas verdrängt werden kann, das vorher grundsätzlich bejaht bzw. symbolisiert worden ist. Verdrängte Inhalte, die in einer separaten, erst zu entschlüsselnden Einschreibung festgehalten werden, haben daher Sprachstruktur und können nur mit Hilfe von Signifikanten adäquat zum Ausdruck gebracht werden. In dieser Hinsicht hat auch Freud stets darauf hingewiesen, dass nicht Gefühle oder Wahrnehmungen verdrängt werden, sondern Gedanken, die allerdings im Verdrängungsprozess von ihren Affekten abgespalten werden. Wenn, wie im Falle der Hysterie, die Verdrängung im engeren Sinn die Abwehr beherrscht, kommt es zu den typischen amnestischen Lücken bei Fortbestand der Affekte, während in der Zwangsneurose die Verdrängung vor allem darin besteht, dass die Verbindung von Vorstellung und Affekt so aufgelöst wird, dass beide für das Subjekt erträglich im Bewusstsein weiterbestehen können.

Bemühungen, eine Differenzierung der Neurosen aufgrund der Art und Weise, wie das Verdrängte wiederkehrt (etwa als Konversion im Körper, als Manifestation im Kognitiven oder als Angstaffekt und Objektvermeidung) gehen aber trotz ihrer Plausibilität häufig fehl, weil einerseits bestimmte Symptome nicht an bestimmte Strukturen gebunden sind und weil andererseits bei ein- und derselben Struktur ein Symptomwandel vor sich gehen kann, der eine auf ein klinisches Bild oder auf ein pathologisches Verhalten beruhende Diagnostik nicht mehr zulässt. Deshalb lässt sich eine Lacansche Diagnostik von einer anderen Kategorie leiten: ihr geht es vor allem um die Frage der **Subjektposition**, wodurch verschiedene hinter den variablen Symptomen liegende Strukturen freizulegen sind.

Wenn man die beiden Antipoden Hysterie und Zwang zunächst einander gegenüberstellt, erweisen sich auch genetische Überlegungen als nicht ausreichende signifikante Unterscheidungsmerkmale. In dieser Hinsicht hatte Freud versucht, für die zwei Neuroseformen unterschiedliche Entwicklungsstufen hinsichtlich traumatisierender Ereignisse anzunehmen oder sie auf verschiedene Reaktionen auf sexuelle Primärerfahrungen zurückzuführen. Demnach wäre der Hysteriker durch Abscheu und Ekel, der Zwangsneurotiker durch Schuld und Abneigung gegenüber sexuellen Handlungen charakterisiert. Wie die klinische Erfahrung zeigt, sind auch hier die Grenzen fließend und es finden sich häufig dieselben Reaktionen in verschiedenen Kategorien, sodass man zur Annahme kommen könnte, dass diese Kategorien letztlich gar nicht tragfähig und durch andere Grundstrukturen zu ersetzen seien.

Die von Lacan vorgeschlagenen Subjektpositionen hingegen erhärten die Sinnhaftigkeit einer Dreiteilung der Neurosen, wie sie auch Freud, ohne ihre Grundlage wirklich konsequent konzeptualisieren zu können, stets vorgenommen hatte. Um die Subjektposition im Rahmen einer für die strukturale Psychoanalyse spezifischen »Objekt-Beziehungstheorie« zu bestimmen und um eine Unterscheidung der Neurosekategorien vorzunehmen muss man vom jeweiligen Grundphantasma ausgehen. Das **Phantasma** allgemein stellt sich für Lacan als die Beziehung von Subjekt und Objekt in folgender Formalisierung dar:

Schema 2: Das Phantasma

Die Schrägstreichung des Subjekts S weist auf die grundsätzliche Subjektspaltung (**Subjekt der Äußerung und Subjekt der Aussage**, Subjekt zwischen Sein und Bedeutung) hin, hängt also mit der Subjektgenese zusammen und soll nicht als Abwehrmechanismus im Sinn der Spaltung von guten und bösen Selbstrepräsentanzen bzw. als pathologische Dissoziation verstanden werden.

Das **Objekt »a«** als Partialtriebobjekt ist ein Ur-Objekt, welches sich anlässlich der Erfahrung der Dialektik von »Ganzheit« und »Teil« herausbildet. Damit ist es auch an die Bildung des (sprechenden bzw. symbolischen) Anderen gekoppelt, es fällt bei der Trennung von diesem (im Rahmen einer Entwöhnung) gewissermaßen heraus, weshalb es auch als Objekt des Verlusts bzw. des Abfalls zu betrachten ist. Konkreterweise ist es Teil eines (ganzen) Körpers bzw. das, was sich von einem Körper abtrennen lässt, wobei Lacan hauptsächlich vier solcher Objekte anführt: **Brust, Blick, Stimme, Kothäufchen**. Ursprünglich und vor der Trennung in Selbst und

Nicht-Selbst waren sie dem Realen des (Partial-)triebs zugeordnet und daher weder repräsentiert noch einem Selbst oder einem anderen zugehörig. Als solche entziehen sie sich bei der Konstituierung des Anderen der Symbolisierung, sie können nur imaginiert werden und stellen damit auch eine Beziehung zwischen dem Realen und dem Symbolischen her. Ein solches Objekt – im Gegensatz zu Julia Kristevas »Abjekt«, welches noch vor jeder Symbolisierung auf die Persistenz archaischer Prä-Objekte verweist (Kristeva 1980) – entgeht der symbolischen Kastration, welche immer einen Verlust an unmittelbarem Genießen bedeutet. Als Rest des außersprachlichen Genießens wird das Objekt »a« von Lacan auch als **Mehrlust** bezeichnet.

Das Punzezeichen (oder Raute) ◊ symbolisiert die spezifische, sowohl Alienation als auch Separation einschließende Beziehung der beiden Terme Subjekt und Objekt, es ist nach Lacan als »Begierde nach« zu lesen, wobei es anzeigt, dass die Formel in zwei Richtungen gelesen werden kann. Auf eine vertiefte Auseinandersetzung damit kann hier nicht eingegangen werden (s. dazu Lacan 1978, 219 ff).

Mit Bruce Fink (Fink 2005, 162) wollen wir das Phantasma in seiner Beziehung zum (großen) Anderen folgendermaßen formalisieren:

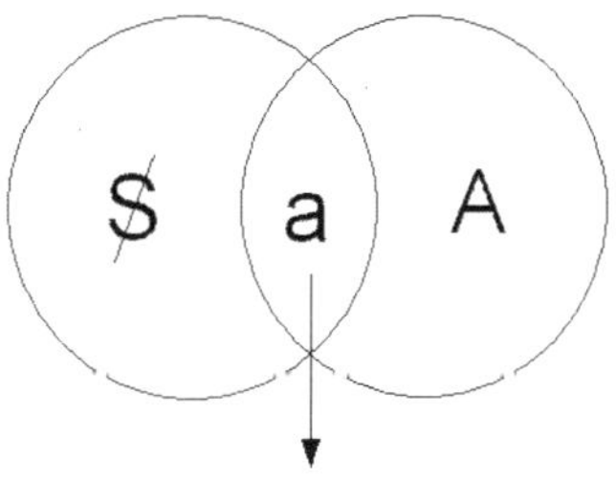

Schema 3: Subjekt und Anderer, verlorenes Objekt

Den Verlust des Objekts, beispielsweise der Brust im Rahmen des Abgestilltwerdens, nimmt das Kind allerdings nicht passiv hin, sondern es versucht, den Mangel zu kompensieren. In dieser Hinsicht besteht nun zwischen Hysterie und Zwang ein grundlegender Unterschied.

a) Hysterie

Die hysterische, eher weibliche Lösung von Verlust und Trennung besteht darin, dass der Mangel auf der Subjektseite negiert und auf der Seite des Anderen konstruiert wird. So fehlt in der Phantasie dem Anderen etwas und mit diesem Fehlenden identifiziert sich der Hysteriker/die Hysterikerin und wird zum Objekt unter Aufgabe seines/ihres Subjektstatus. In bezug auf die Mutter wird diese ohne ihr Kind als unvollständig erlebt, durch ihr Kind-Objekt aber vervollständigt. Wenn durch die Triangulierung und durch die Funktion des symbolischen Vaters das Kind in die Kategorie des Begehrens eintritt, so ist sein hysterisches Bestreben stets darauf gerichtet, im Anderen einen Mangel und damit ein Begehren zu erzeugen, um sich einen Platz als begehrtes Objekt zu sichern. Schematisch stellt sich der Sachverhalt folgendermaßen dar (ebd., 164):

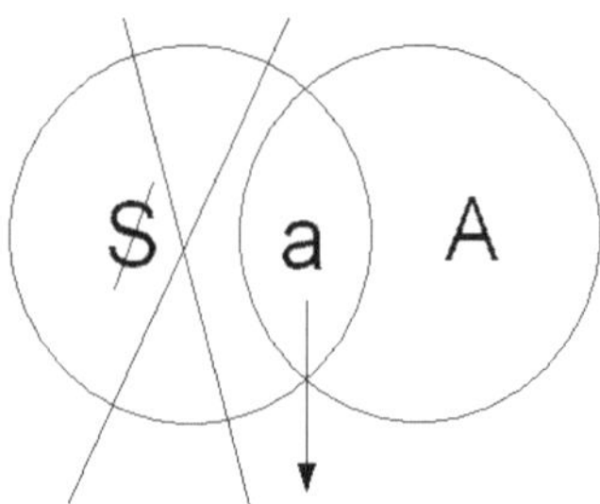

Schema 4: Subjektposition und Hysterie

Was die Formel des Phantasmas betrifft, gilt für die Hysterie:

wobei der nicht gleichartig-imaginäre, sondern symbolische Andere schräggestrichen ist, um zu zeigen, dass ihm etwas fehlt, dass er als nicht vollständig erlebt wird bzw. dass er unvollständig und damit begehrend gemacht werden muss. Ein solcher Anderer ist sowohl einer Idealisierung als auch einer Beschädigung, Entmachtung oder Entwertung ausgesetzt, im allgemeinen ist es eine männliche oder weibliche Autorität, über deren Begehren verfügt werden soll. Deshalb kann man auch sagen, dass der/die Hysterische einen Herrn produziert, um ihn zu dominieren. Der Wechsel von Erhöhung und Erniedrigung soll beim Beziehungspartner bewirken, dass sein Begehren stets aufrechterhalten wird, weshalb er unbefriedigt bleiben muss. Die Sehnsucht, das Begehren zu begehren, das Begehren, begehrt zu werden, das Begehren sowohl des Anderen als auch des immer anderen, der Wunsch ein anderer zu sein sind Wunschformationen, deren Objekt der Wunsch selbst ist. Da das hysterische Subjekt von einem solchen Wünschen erfüllt ist, da es die Haltung eines ***Objekts als Ursache des Begehrens*** einzunehmen pflegt, ist es sein Charakteristikum, ein unbefriedigtes Begehren zu leben. Es zieht Lust aus der Versagung, was sich etwa in der Anorexie besonders dramatisch äußert. Erhöhung und Erniedrigung des Anderen bedeutet auf der Geschlechterebene Phallifizierung und Kastration, was auf das hysterische Subjekt zurückwirkt, da es sich auch mit seinem Partner identifiziert. Deshalb ist die letztlich in uns allen bestehende Frage: »**Bin ich Mann oder Frau?**« für den Hysteriker von zentraler Bedeutung. Das Ausleben des Wunsches, ein anderer zu sein, führt zu den schillernden Maskeraden, Verkleidungen und Verstellungen, zum übertriebenen theatralischen Verhalten, welche für das Hysterische typisch sind. So ist auch Lacans Bemerkung, dass die Hysterikerin den Mann macht, in zweifacher Weise zu verstehen. Hysterische Identifizierungen in bezug auf ein anderes Paar (wie etwa in Urszenenerfahrungen oder in gesuchten Dreiecksbeziehungen) sind immer Identifizierungen mit beiden Partnern und auf einer stark affektiv gefärbten Ebene begleitet von einer Identifizierung mit dem sexuellen Akt, dem Orgasmus als solchem, was in hysterischen Konversionssymptomen und Anfällen seinen deutlichen Ausdruck findet. Gleichzeitig ist das hysterische Subjekt gegenüber dem sexuellen Genießen des Anderen von Ekel und Abscheu erfüllt. Im Gegensatz zum Wunsch, Objekt des Begehrens zu sein, möchte es keinesfalls ein Objekt sein, das der Andere genießt bzw. das ihm zu einem Genuss verhilft. So phantasiert etwa die Hysterikerin im heterosexuellen Akt, jemand anderer oder einfach nicht dabei zu sein. Begehren und Genießen findet daher oft an verschiedenen Objekten statt, was nicht zuletzt Anlass für bestimmtes Suchtverhalten oder für weiblich-homosexuelle Entwicklungen geben kann.

b) Zwang

Die zwanghafte (und eher männliche) Reaktion auf die Entwöhnung vom Anderen bzw. vom Objekt »a« und die Wiederherstellung einer Einheit besteht im Versuch, sich durch das vom Anderen losgerissene Objekt als Subjekt zu vervollständigen und die Existenz des Anderen zu negieren.
Fink (ebd., 163) stellt schematisch diese Beziehung folgendermaßen dar:

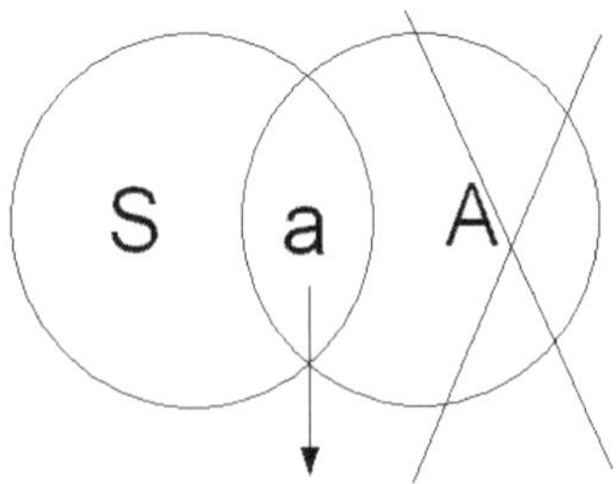

Schema 5: Subjektposition bei Zwang

Die vereinfachte Formel des dieser Einstellung zugrundeliegenden Phantasmas entspricht zwar der allgemeinen Formel des Phantasmas, das Subjekt wird allerdings als vollständig vorge-

$$S \lozenge a$$

stellt, sodass die Schrägstreichung des Symbols S entfällt. Auch das Begehren des Anderen wird annulliert, um sich vom Anderen unabhängig zu machen und Herr über das eigene Schicksal zu sein. Da der Zwanghafte aber die Trennung nicht wirklich überwunden hat und den Mangel nicht wirklich akzeptieren will, ist er in Wirklichkeit Knecht seiner Abhängigkeit. Im Hadern mit dem Herrn phantasiert er dessen Tod und in der Identifizierung mit ihm auch seinen eigenen. Deshalb ist die grundlegende Seinsfrage: »**Bin ich tot oder lebendig?**« für ihn von zentraler Bedeutung. Um seine Existenz aufrechtzuerhalten muss der Zwangsneurotiker daher ein stetes Bewusstsein bewahren und permanent denken. Jede andere Tätigkeit, welche eine Hingabe oder ein Sichfallenlassen impliziert, stellt eine Bedrohung dar, was ihn in vielen Tätigkeiten und nicht zuletzt in sexuellen Beziehungen erheblich behindert. Er denkt als bewusstes Ich und nicht als gespaltenes Subjekt, als welches er auch ein unbewusstes Denken zulassen müsste. Sich als Ganzes und unabhängig vom Anderen vorstellend, lebt er auch seine Lust bevorzugt ohne den Anderen aus, was seine besondere Neigung zur Masturbation erklärt. Etwaige Liebespartner sind, da sie als andere Subjekte höchstens als Container des Objekts »a« dienen, beliebig austauschbar. Lebensgemeinschaften werden bevorzugt mit einer versorgenden Mutterfigur eingegangen, von welcher man wie ein Sohn geliebt wird. Unter diesen Umständen kommt es auch zur Bildung zweier Kategorien von Frauen bzw. zur Spaltung der Frau in die bekannten Figuren Madonna und Hure.

Während das hysterische Subjekt vorwiegend vom ***unbefriedigten*** **Begehren** lebt, ist der Zwangsneurotiker durch ein ***unmögliches***

Begehren charakterisiert. Würde er seinem Begehren nachgeben, so würde sich auch seine Angst vor der Abhängigkeit vom Anderen steigern, was für ihn die Angst vor seiner Auslöschung als Subjekt bedeutet. Deshalb werden oft Liebesbeziehungen zu unerreichbaren Menschen gesucht oder aber die Standards für etwaige Partner werden so hoch geschraubt, dass sie kaum jemand erfüllen kann. In sexuellen Beziehungen werden die Partner auch häufig durch andere in der Phantasie ersetzt (während sich das hysterische Subjekt eher selbst ersetzt).

c) Phobie

Die Eigenständigkeit der Phobie als abgegrenzte Neurose ist umstritten. Freud war der Auffassung, dass die Phobien Syndrome im Rahmen der anderen Neurosen darstellten und dass sie nicht als unabhängige pathologische Prozesse zu betrachten seien. Ihre Nähe zur Hysterie fiel schon früh den Psychoanalytikern auf, sodass sie von Stekel (1908) auch als **Angsthysterie** bezeichnet wurde. Demnach bestünde die Phobie in einer Konversion von Angst in unmotivierte Panik angesichts eines Objekts, einer Person oder einer Situation ohne reale Gefahr. Viele betrachten die Phobie wiederum als Bindeglied zwischen Hysterie und Zwang. Wenn auch Lacan bisweilen diese Meinungen teilt, so spricht er andererseits von der Phobie sowohl als der einfachsten als auch der radikalsten Neurose. In dieser Hinsicht hätte sie eine gewisse Vorläuferposition gegenüber den anderen Neurosen. Während es in den übrigen neurotischen Bildungen zu einer Einschreibung der Vatermetapher gekommen sei, könne das phobische Subjekt die Negierung des Begehrens der Mutter nur durch etwas anderes vollziehen als durch den symbolischen Vater. Aufgrund einer offensichtlich schwachen Vaterfigur gestaltet sich die Trennung von der Mutter als äußerst schwierig. Durch die mangelhafte Ablösung kommt es zum Auftauchen archaischer Ängste des Verschlungenwerdens und der Einverleibung, was auch Freud an der Phobie des kleinen Hans eindrucksvoll gezeigt hat. Damit wird herausgestellt, dass nicht das Trauma der Trennung bzw. der Kastration das wesentliche Moment der phobischen Reaktion ist, sondern umgekehrt das Ausbleiben der Trennung, welches entsprechende Vernichtungsphantasmen zur Folge hat. Erst durch die Einführung eines Signifikanten bzw. eines symbolischen Objekts, das die Vatermetapher und das Nein-des-Vaters vertritt und gegenüber dem sich die Phobie entwickelt (in Freuds Fallbericht Signifikant und Objekt »Pferd«), kommt es zu einer Bindung und zu einer Reduktion der Ängste. Aufgrund dieser erfolgreichen Stützung des symbolischen Anderen findet auch primäre und sekundäre Verdrängung (mit möglicher Rückkehr des Verdrängten und dessen Interpretierbarkeit) statt. Hier wird auch die Nähe zum Hysterischen deutlich: Sowohl in der Hysterie als auch in der Phobie macht sich anfänglich das Kind zum Objekt, das der Mutter fehlt. Durch die Triangulierung schafft es allerdings das hysterische Subjekt, nicht mehr imaginäres Objekt des Anderen, sondern symbolisches Objekt des Begehrens des Anderen (vor allem des Vaters) zu sein. Aus seiner imaginären Position tritt hingegen der Phobiker durch die Schaffung eines **signifikanten Objekts** (seiner Phobie) heraus, das die schwache Vaterfunktion in der Lösung von der Mutter stützt. Dieses phobische Objekt muss vom imaginären Objekt des Fetisch in der Perversion, in welchem die Imago der phallischen Mutter seine Sütze findet, unterschieden werden (siehe nächstes Kapitel).

Literatur

Fink, B. (2005): Eine klinische Einführung in die Lacansche Psychoanalyse. Theorie und Technik. Turia & Kant, Wien

Kristeva, J. (1980) : Pouvoirs de l'horreur. Essai sur l'abjection. Paris, Seuil

Lacan, J. (1964): Die vier Grundbegriffe der Psychoanalyse. Das Seminar von Jacques Lacan, Buch XI. Walter, Olten 1975

Perversion

Allgemeines zur menschlichen Sexualität

In seinen ersten Beiträgen zur Sexualtheorie hat Freud die **Perversion** als Abweichung vom eigentlichen Sexualziel (d.h. vom heterosexuellen Koitus) definiert und sie der **Inversion** als Abweichung hinsichtlich des Sexualobjekts gegenübergestellt. Diese Unterscheidung hat sich allerdings weder in der psychoanalytischen Terminologie noch in psychiatrischen Nosologien durchgesetzt, wobei aktuelle Klassifikationen der Psychiatrie überhaupt bestrebt sind, den als abwertend betrachteten Perversionsbegriff durch **Paraphilie** als Sammelbegriff für abweichende Sexualverhaltensweisen zu ersetzen.

Wenn die Psychoanalyse und insbesondere die strukturale Psychoanalyse weiterhin von Perversion spricht, dann hat sie in ihren Beschreibungen und Erklärungen weniger manifestes sexuelles Verhalten im Auge als vielmehr psychische Strukturmerkmale, die durch einen bestimmten Abwehrmechanismus hinsichtlich bestimmter Vorstellungskomplexe gekennzeichnet sind. Eine solche perverse Struktur ist nicht unbedingt mit auffälligen sexuellen Vorlieben und Tätigkeiten verbunden, und es sind, wie die klinische Praxis zeigt, solche »Abnormitäten« oft bei Personen anzutreffen, die man als neurotisch oder psychotisch betrachten muss oder die, noch eher, unter die Kategorie der aktuell so stark verbreiteten Borderline-Diagnose einzuordnen sind. Dabei ist auch zu bedenken, dass sexuelle Normen starken kulturellen und zeitlichen Einflüssen und Wandlungen unterliegen, durch welche die von Freud postulierte polymorph-perverse Anlage am Beginn des menschlichen Lebens in bestimmte Bahnen und Richtungen gelenkt werden. Darüber hinaus muss berücksichtigt werden, dass sich ein so genanntes normales Sexualverhalten nicht unbedingt auf eine ganze und als solche geliebte Person bezieht, sondern dass das sexuelle Streben entsprechend dem Partialcharakter der Triebe zumeist nur auf bestimmte Partialobjekte bzw. auf Teile und Merkmale eines Partners oder einer Partnerin gerichtet sind. Objekte der Lust und des Genießens sind daher immer auch von Objekten des Begehrens und der Liebe zu unterscheiden. Somit haftet, psychoanalytisch betrachtet, jedem sexuellen Verhalten etwas grundsätzlich Perverses an.

Zum Verständnis der Perversion im Sinne einer klinischen Kategorie ist zunächst davon auszugehen, dass für den Menschen als »Sprechwesen« zwischen dem **Genießen** und dem **Körper** eine strukturelle Unverträglichkeit besteht, da durch die Anbindung an die Sprache der Körper symbolisiert bzw. signifikant verkörpert wird. Dadurch wird das unmittelbare und unvermittelte Genießen aufgehoben, was, wie bereits erwähnt, als *symbolische Kastration* bezeichnet wird. Die mit dem Eintritt ins Sprechen verbundene Mangelerfahrung (das Wort ist der Mord am Ding, sagt Hegel) ist aber auch mit der Sexuierung verbunden, wobei sich durch die Wirkung des (phallischen) Geschlechtszeichens die Geschlechterfrage mit ihren Unsicherheiten, Enttäuschungen und Ängsten aufdrängt. Damit ist in diesem Zusammenhang auch der Begriff Kastration gerechtfertigt.

Die Perversion ist nun aber durch das Bemühen gekennzeichnet, diese Unverträglichkeit von Genießen und Körper aufzuheben und zu verleugnen. Der Perverse will in seinen sexuellen Handlungen das sexuelle Un-Verhältnis zwischen Mann und Frau, die Differenz und die unerträgliche Vorstellung der Kastration durch das Streben nach einem absoluten Genießen überwinden. Um dieses Unmögliche zu erreichen, macht er sich zu einem Objekt und reduziert sich auf den Verlust, auf den Abfall des signifikanten Spiels im Rahmen des Spracherwerbs, wodurch er den grundsätzlichen Mangel des Anderen aufzuheben, das Loch im Anderen zu stopfen versucht, um sich gleichzeitig vorzustellen, dieser nunmehr erfüllte Andere zu sein. Im Gegensatz zum Hysteriker, der in analoger Weise, aber als symbolisiertes Objekt und auf der Ebene des Begehrens verfährt, agiert der Perverse im Realen und auf der Ebene des Genießens.

Um dies genauer zu betrachten, ist auf einige Feststellungen hinzuweisen, welche die menschliche Sexualität grundsätzlich und allgemein betreffen:

Zunächst gilt, dass das sexuelle Genießen des (sprechenden) Menschen grundsätzlich **phallisches Genießen** ist und dass es in strikter Abhängigkeit zur Logik des Signifikanten steht. Warum phallisch? Der *symbolische Phallus*, der Phallus als Symbol der Geschlechterdifferenz ist der einzige Signifikant, der sich den Signifikanten »Mann« und »Frau« substituiert. Denn wie Lacan, Freud paraphrasierend, nachdrücklich betont, *sagt* das körperliche Geschlecht der Frau dem Manne nichts. Sowohl Mann als auch Frau werden durch den Phallus – und nur durch ihn – definiert, wodurch beide durch die Logik des Einen, eben des Phallus, miteinander verknüpft sind und weshalb es auch zwischen den beiden kein sexuelles (Proportional-)Verhältnis im Sinne einer harmonischen Ergänzung gibt. Indem das weibliche Genitale im Unbewussten nicht genannt werden kann, ist auch der Phallus als *Symbol* innerhalb der symbolischen Ordnung nur Zeichen eines Mangels und stellt in seiner Anwesenheit immer auch Abwesenheit dar. Jede Signifizierung auf einen Referenten hin ist damit unmöglich, weshalb der Phallus höchstens in imaginäre Gleichungen wie Phallus = Penis = Kind etc. eingehen kann. Der mit **Φ** bezeichnete symbolische Phallus ist als Zeichen der Differenz insofern privilegiert, als er die Differenz der Geschlechter als eine für jeden Menschen grundlegende Differenz markiert.

Als psychische Vorstellung im Sinne einer *Imago* allerdings gibt es im Unbewussten noch einen anderen, eben *imaginären Phallus*. Es ist der imaginierte Penis, der sich aus einem anatomischen, einem libidinösen und einem phantasmatischen Faktor zusammensetzt. Formal erhält der Penis-Phallus eine herausragende Bedeutung durch die Differenz seiner Funktionszustände (erigiert und nicht-erigiert), libidinös erweist er sich als in besonderem Maße lustvoll besetzt und phantasmatisch kann er als fehlend erfahren werden. Deshalb seine Kennzeichnung als – φ (minus phi).

Als dritte Phalluskategorie bezüglich des Mangels in der Struktur des durch die Sprache kastrierten Anderen erscheint der *reale Phallus* (»**a**«) einfach als Loch im Anderen. Dieses Loch steht für die Unmöglichkeit eines Metasignifikanten, eines Signifikanten aller Signifikanten ein, da sich nicht alles sagen lässt und da es keinen Signifikanten des Anderen gibt. Lacan illustriert dies mit der Unmöglichkeit der Schaffung eines Katalogs, der alle Kataloge enthalten würde, da dieser selbst im Katalog nicht enthalten sei. Diese Struktur formalisiert sich als S (Ⱥ), als Signifikant des Mangels im Anderen. Dieser reale Mangel ist nicht wirklich symbolisierbar, als »a« bezeichnet ist es das uns schon bekannte Objekt »a«, das ein Abfallprodukt der Symbolisierung ist und bei den verschiedenen Entwöhnungs- und Versagungsprozessen bezüglich der Partialtriebe als jeweilige »Ur-Sache des Begehrens« (objet cause du désir) in Funktion tritt. Denn es ist zu bedenken, dass erst mit seinem Nichtvorhandensein bzw. mit seiner Untersagung und seinem Verzicht sich ein Objekt als etwas zu Begehrendes erweist. Die bei den Benennungsvorgängen nicht symbolisierten Reste verkörpern als solche ein unvermitteltes Restgenießen, welches nachträglich und imaginär auf jene Objekte projiziert wird, die innerhalb einer Erfahrung von Teil und Ganzem als ablösbare Körperteile in Erscheinung getreten sind. Daher auch der Begriff »Mehrlust« für ein solches Objekt. Abgesehen vom Phallus, der auf Grund seiner Bedeutungskraft diesbezüglich eine Sonderstellung zwischen Objekt und Signifikant innehat, nennt Lacan vor allem vier derartige Objekte, welche auch, wie wir bei der Erörterung der Neurosen festgestellt haben, Objekte des Phantasmas darstellen: Brust, Blick, Stimme und Kothäufchen.

Das sexuelle Genießen des Mannes bezieht sich als phallisches Genießen nicht auf den Körper der Frau, da diesem eine reale sexuierte Konsistenz fehlt. Dieses phallische Genießen ist für den Mann sogar das Hindernis, um den Körper der Frau genießen zu können, weil sein Genießen ein Genießen des Organs ist, das als Phallus unter die Macht des Signifikanten gesetzt worden ist. Somit kann das phallische Genießen als solches nur ein Restgenießen sein, nachdem das Subjekt mit seinem Genießen durch den symbolischen Anderen hindurchgegangen ist, welchem die sexuelle Differenz fehlt (da es nicht eine männliche und eine weibliche Sprache gibt).

Weil es nichts *sagt*, hat das körperliche Geschlecht der Frau einen Status außerhalb der Sprache. Über den symbolischen Anderen hingegen kann sowohl das männliche als auch das weibliche Subjekt Zugang zum Phallus haben. Diesbezüglich ist der symbolische Andere *nicht-sexuiert*, wodurch es auch im Psychischen keine Repräsentation des Geschlechtes gibt. Darauf begründet sich auch die Unterscheidung zwischen einem biologischen und einem »sozialen Geschlecht« (gender) mit allen diesbezüglichen Folgen und Erscheinungsformen. In Bezug auf den realen Anderen ist dieser aber auch das Loch, das ihn *auszeichnet* [S (A)], wobei dieses reale Loch jeweils das *Andere Geschlecht* ist. Somit kann der Andere in meiner Sprache nur das Andere Geschlecht sein, und wenn ich vom Anderen spreche, kann ich nicht umhin, ihn als geschlechtlich zu sehen. In dieser Hinsicht ist der Andere *sexuiert*. Indem das Subjekt seinen Körper an den symbolischen Anderen knüpft und indem sich das Symbolische in den Körper einschreibt, wird der Körper zur Metapher für das *Andere Geschlecht* bzw. für das Geschlecht des Anderen und für den Anderen als Geschlecht. Das Genießen des Lebens ist somit an das Loch im Realen gebunden und ein Körper ist etwas, das genießt. In dieser Perspektive erscheint der Körper als Rest des Symbolischen, sein Genießen, das vom phallischen Objekt her bestimmt wird, lässt das Bild im Phantasma entstehen. Der Phallus als Zeichen bleibt hingegen außerhalb des Körpers.

Insbesondere in seinem Seminar »Encore« (Lacan 1972/73) spricht Lacan von einem ***Anderen Genießen.*** Dieses Genießen, das es strenggenommen nicht gibt, wäre ein reales Genießen, das mit dem phallischen Genießen in einer Beziehung der Unendlichkeit stünde. Es wäre diesem nicht komplementär, würde dieses also nicht zu einem Ganzen ergänzen, sondern es wäre supplementär, also ergänzend im Sinne eines Zusätzlichen. Trotz seiner Inexistenz wird dieses geheimnisvolle *Andere Genießen* von Lacan den Frauen unterstellt. Durch den Umstand, dass die Frau nicht ganz dem Symbolischen unterworfen ist, könnte sie ein zusätzliches Genießen haben, das als Mehrlust sowohl Anteil am realen Genießen als auch am phallischen Genießen hätte. Aber da sie diesen zusätzlichen Anteil nicht benennen kann, weil der Signifikant fehlt, gibt es für sie letztlich doch nur phallisches Genießen. Dieses *Andere Genießen,* das somit auch der Frau selbst ein Rätsel bleibt, könnte allerdings seinen Ausdruck in hysterischen Symptomen oder in Erlebnissen von der Art der Mystik finden.

Die perverse Struktur – Theoretische Grundsätze

Was nun das perverse Subjekt betrifft, so ist es von einem Glauben an dieses vollständige Genießen des Anderen, das er in der Frau repräsentiert wähnt, durchdrungen. Für den Perversen gilt, dass das lebendigste, erfüllteste Genießen aus der femininen Position zu erreichen ist: genossen zu werden setzt sich dann an den Platz eines (männlichen) Genießens, was auf das Bestreben hinausläuft, den Körper des Anderen zu genießen. So nötigt der Perverse in seinen Praktiken und Arrangements dem Partner dieses *Andere Genießen* ab. Er versucht, den realen Körper dem Signifikanten zu entziehen, den Anderen als *ganz sexuiert* und als *sexuiertes Ganzes* erscheinen zu lassen. Unter dem Bestreben, dem Körper das Genießen zurückzugeben, wird der Mangel des Anderen annuliert, was Freud als

Verleugnung beschrieben hat. Somit gibt es für den Perversen den vollständigen Anderen, dessen Genießen grundsätzlich erreichbar ist. Für ihn ist der Diskurs des Unbewussten konsistent und mangellos, weil er die Kastration verleugnet, welche den Diskurs als inkonsistent und nie abgeschlossen ausweist.

Um das besagte Genießen zu erreichen, setzt sich, wie schon gesagt, das perverse Subjekt in seinem Phantasma mit dem Objekt gleich und gibt sich als solches dem Anderen, mit dem es sich ebenfalls identifiziert, hin.

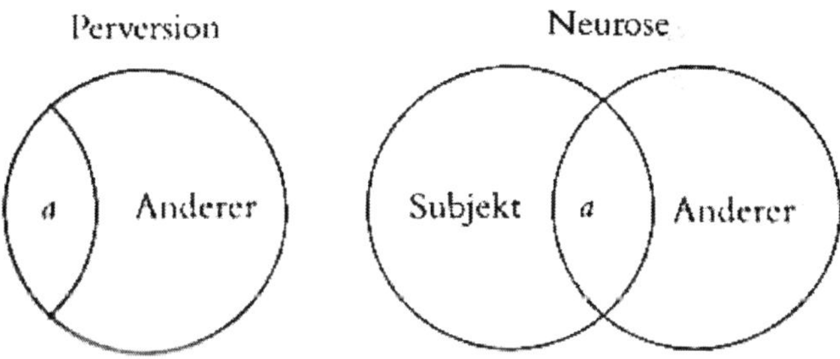

Schema 6: Subjektposition der perversen Struktur im Gegensatz zur Neurose; das Subjekt ist im Objekt und im Anderen als dessen Mangel aufgegangen
Nach Fink (2005, 235)

Dabei kommt das Objekt aus seiner Unerreichbarkeit heraus und enthüllt sich als reines Da-Sein, als Objekt des Phantasmas im Realen und abgelöst von der Monotonie der Beziehung zum Signifikanten eröffnet es dem Subjekt erweiterte und stets neu gesuchte Realisierungsmöglichkeiten.

Indem sich aber der Perverse zum Instrument degradiert, genießt er genaugenommen nicht. In einer utilitaristischen Logik gefangen muss das Genießen des anderen produziert werden und nicht das eigene, weshalb der Perverse für die Lust des anderen lebt. Indem er sich zum Objekt »a« macht, um das Genießen des Körpers wiederherzustellen, maskiert und verstopft er das Loch im anderen. Insofern ist er auch ein Mensch des Glaubens, einer, der

Gott in seiner wahren Vollkommenheit, als absolute Form des Anderen ohne Mangel einsetzt. Gott als die Ausnahme von der allgemeinen, alle Sprechwesen betreffenden Kastration, der tote Vater oder Urvater und die Frau als ganze und vollständige Frau sind Begriffe für den mangellosen Anderen, der jenseits der gewöhnlichen Mitmenschen einen Körper genießen kann, weil er vom Genießen nicht verlassen wurde.

Vor allem im Beitrag »Kant mit Sade« (Lacan 1963) wird darauf hingewiesen, welchen Stellenwert das *höchste Wesen des Bösen* im Werk des Marquis de Sade einnimmt, und wie der Libertin, ohne es zu wissen, seine Quälereien als dessen gehorsamer Knecht ausführt. Dies macht den Perversen zu einem Helfer einer Macht, dessen Begehren ihn nicht zu seinem eigenen Begehren führt, sondern ihm als Befehl zum Genießen erscheint. In diesem Zusammenhang sei darauf verwiesen, dass sich auch auf der Grundlage des Bösen eine (perverse) Ethik errichten lässt, sofern, wie Lacan hervorhebt, das Ethische prinzipiell nicht auf definierten Handlungsanweisungen im Sinne des »Guten« beruht, sondern auf dem Gehorsam gegenüber jedwedem Imperativ eines »Du sollst!« In dieser Hinsicht ist das Über-Ich immer als jenseits von gut und böse bestimmt. Aus diesem Grunde findet man auch so wenig Einsicht und Reue bei jenen Menschen, die angesichts ihrer Untaten im Auftrag einer kollektiven und perversen Übermacht (wie etwa im Falle des Nationalsozialismus) nichts anderes vorbringen können, als ihre Pflicht erfüllt und damit »moralisch richtig« gehandelt zu haben.

Durch die Hinzufügung des Objekts »a« an den gespaltenen Anderen hebt der Perverse die Minus-Wirkung des imaginären Phallus auf und ergänzt den unvollständigen, kastrierten und damit begehrenden Anderen. Wie schon Freud betont hat, geht es dabei letztlich um den Versuch, die **Kastration der Mutter zu annulieren**.

Bekanntlich kommt bei diesem Vorgang dem **Fetisch** eine tragende Bedeutung zu. Als Substitut des imaginären Phallus, der der Mutter zugeschrieben wird, soll durch den Fetisch die Kastration als symbolischer Mangel eines imaginären Objekts aufgehoben werden, womit er vor der Kastrationsangst schützt. Dies ist die eine Seite des Fetisch. Weil aber beim Fetischisten eine Einschreibung des phallischen Signifikanten im Gegensatz zum Psychotiker stattgefunden hat, sodass nur die »phallische Gabe«, der Übergang von der Kategorie des Seins zur Kategorie des Habens nicht vollzogen worden ist, muss das perverse Subjekt angesichts des mütterlichen Mangels mit einer Spaltung antworten: eine psychische Instanz bejaht die Kastration (***Anerkennung***), eine andere verneint sie (***Verleugnung***). So dient bei genauerer Betrachtung der Fetisch als objekthaftes Zeichen, welches **gleichzeitig die Bejahung und die Verneinung der mütterlichen Kastration** einschreibt. Der Fetischist identifiziert sich mit diesem Objekt, das er dort hinsetzt, wo es buchstäblich nicht existiert. Nur als phallische Frau wird die Frau als sexuelles Objekt erträglich, sodass der Fetisch auf diese Weise den Ausgang in eine homosexuelle Entwicklung verhindern kann. Mit der Anfügung eines Phallus an die Mutter behebt der Fetischist den Habens-Mangel des Anderen, welchen er nicht ertragen kann, und durch Identifikation mit dem Fetisch erlangt das Subjekt eine Vervollständigung bezüglich seines eigenen strukturellen Seins-Mangels. So verbindet der Fetisch in einem Begriff Sein und Haben des Phallus. Wie Lacan herausstreicht, zeigt der Fetisch nicht nur den wirklichen Platz des Phallus an, nämlich dort zu sein, wo er nicht ist, sondern er kennzeichnet auch dessen Nichtigkeit: als ein relativ wertloser, gebrauchter Gegenstand wie etwa ein altes Kleidungsstück erscheint er zumeist als etwas Lächerliches. Obwohl der Fetisch mit dem Objekt des Begehrens verbunden ist, ist er nicht dessen Objekt, sondern er funktioniert vielmehr als Objekt-Ursache des Begehrens, als dessen absolute Bedingung, auch wenn dieses sich woanders einschreibt. Indem sich der Fetisch als Objekt und Ur-Sache an die Stelle des phallischen Signifikanten setzt, wird er zu einem strukturellen Punkt in der perversen Logik, wird er grundlegend für jede Form der Perversion.

Klinische Aspekte der Perversion

Nach diesen vorwiegend abstrakten theoretischen Überlegungen zur Frage der perversen Struktur sollen nun noch einige Hinweise zu den konkreteren Bedingungen erfolgen, unter welchen es innerhalb der psychosexuellen Entwicklung zu klinisch relevanten Manifestierungen perverser Einstellungs- und Verhaltensweisen kommt. Dabei soll die (in diesen Fällen nur mangelhaft wirkende) Funktion des Vaters als Instanz der Trennung vom mütterlichen Subjekt und als Träger des Gesetzes stärker in den Mittelpunkt gerückt werden, woraus sich jener zusätzliche Aspekt ergibt, der in den verschiedenen perversen Inszenierungen auch den permanenten Appell des Subjekts nach der Installierung des Gesetzes und nach der Errichtung von Grenzen erkennen lässt. Fink (2005, 221-268) hat diese von Lacan immer auch behandelte Perspektive stringenter zusammengefasst, weshalb wir uns im Folgenden an seinen Ausführungen orientieren werden.

Zunächst sei die Frage der Verleugnung als vorherrschendem Abwehrmechanismus der Perversion wieder aufgegriffen und darauf hingewiesen, dass Freud ihr Auftreten bei kleinen Buben als ein Nicht-wahr-haben-wollen verstanden hat, dass den Mädchen etwas fehlt. In einem späteren Alter, so Freud, werde zwar auch die Penislosigkeit verleugnet, aber das Auftreten bestimmter Symptome weise auf eine nur teilweise Negation hin, wodurch es im Subjekt zu einer Spaltung komme. Die Analogie mit der Verdrängung relativiert Freud dahingehend, dass diese sich auf eine triebgebundene und aus dem Inneren stammende Vorstellung beziehe, während die Verleugnung einen Teil der äußeren Welt, d.h. also »einen Mangel an einem Penis« betreffe. Mit Lacan kritisiert Fink (ebd., 225) diese Differenzierung: Weder ist die Verleugnung eine Art Skotomisierung einer Wahrnehmung wie etwa die psychotische Verwerfung (wobei das Verworfene im Realen als Halluzination wiederkehrt), noch ist es bei einer intakten Wahrnehmungsfunktion möglich, einen Mangel tatsächlich zu sehen (da man logischer Weise nur das sehen kann, was da ist.). Die verleugnende Negation betrifft hingegen einen Gedanken, der auf eine bestimmte Wahrnehmung bezogen ist und dieser Wahrnehmung den Glauben entzieht. Der Unterschied liegt also darin, dass sich die Verdrängung auf einen triebhaften Gedanken bezieht, die Verleugnung aber auf einen Gedankenkomplex, der die Frage des weiblichen Genitals, die väterliche Kastrationsdrohung und die narzisstische Besetzung des Penis betrifft.

Damit hat beim perversen Subjekt im Gegensatz zum Psychotiker zwar eine Symbolisierung stattgefunden, sie hat aber nicht zu einem wirklichen Funktionieren der väterlichen Instanz als Metapher für das Begehren der Mutter geführt. Es ist als ob das perverse Subjekt insgeheim sagen würde:

»Ich weiß nur allzu gut, dass mein Vater mich nicht gezwungen hat, meine Mutter aufzugeben und das Genießen, das ich aus ihrer (realen und/oder im Phantasma imaginierten) Anwesenheit beziehe, hat noch keinen Preis gefordert, aber ich werde eine solche Forderung inszenieren mit jemandem, der für den Vater einsteht. Diese Person muss das Gesetz aussprechen!« (ebd., 228, leicht abgeändert)

Während der Neurotiker sein Opfer bringt und sein masturbatorisches Genießen (zumindest vorübergehend) zugunsten eines größeren Genießens aufgibt, ist der Perverse zu einem solchen Tausch nicht bereit. Diese Haltung ist zu einem Teil durch das Verhalten einer (in gewisser Weise perversen) Mutter bedingt, deren besondere Hinneigung zum Sohn allerdings um die Besetzung seines Penis zentriert ist, was beim perversen Subjekt zu dessen narzisstischer Fixierung Anlass gibt; andererseits ist auch die Bedeutung eines schwachen Vaters in Erwägung zu ziehen, welcher sich nur allzu bereitwillig durch seinen Sohn ersetzen lässt oder der nicht imstande ist, seine Frau für sich zu gewinnen und von ihr begehrt zu werden. Es sei hier noch angemerkt, dass in der Regel das erotische Verhältnis von Mutter und Tochter anders gestaltet ist, so dass die Perversion eine vorwiegend männliche Domäne darstellt. In dieser Hinsicht ist auch die weibliche Homosexualität kein einfaches Gegenstück zur männlichen »Hommosexualität« (Lacan), wobei Lacan den Lesbianismus sogar unter die Heterosexualität, d.h. unter die Liebe zum Anderen Geschlecht einreiht und ihn der höfischen Liebe annähert, wonach die »homosexuelle« Frau in ihrem unbewussten Phantasma dem Vater zeigen möchte, wie man auf ideale Weise eine Frau begehrt. In dieser Hinsicht spricht Lacan von der weiblichen Homosexualität als von einer ans Ziel gelangten Hysterie.

Da das perverse Genießen in seinem Zwang, dem (mütterlichen) Anderen alles sein zu müssen und für seine Lust zu leben, eine tiefe Abhängigkeit und eine nur relativ geringe Autonomie impliziert, verschafft es alles andere als wirkliche Befriedigung. Die Angst, eine notwendige Trennung zu vollziehen, ist aber so stark, dass eine wirkliche Separation nicht erfolgen kann. Noch stärker aber wirkt die andere Angst einer *nicht erfolgten* Trennung, so dass sich unbewusste Abwehrvorgänge vor allem auf diese beziehen und zu einer Reihe von Phantasmen und Verhaltensweisen führen, in welchen ein Streben nach Trennung und Entbindung seinen Ausdruck findet. Wie wir schon gesehen haben, wirkt auf der Ebene der Neurose das phobische Objekt als eine solche trennende Instanz.

Dem gegenüber inszeniert der Perverse real eine Situation, die einem Anderen die Untersagung des Genießens auferlegt und diesen dazu zwingt, ein Gesetz auszusprechen.

Auf der Entwicklungslinie zwischen Psychose und Neurose, welche Lacan mit den Prozessen von **Alienation** und **Separation** kennzeichnet, lässt sich nun der Status der Perversion als dritte klinische Struktur auf folgende Weise eintragen:

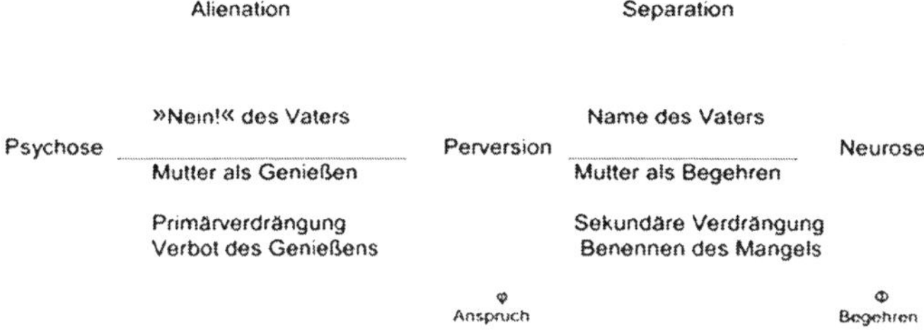

Schema 7: Alienation – Separation. Nach Fink (2005, 239)

Im Gegensatz zum Psychotiker hat der Perverse die Alienation vollzogen, die primäre Verdrängung mit der Bildung von »bewusst – unbewusst« ist erfolgt und das »Nein-des-Vaters« wird grundsätzlich anerkannt (nicht aber der »Name-des-Vaters« als Metapher für das mütterliche Begehren). Damit identifiziert sich das perverse Subjekt mit dem phallischen und nicht symbolisierten Objekt der Mutter auf der Ebene des Anspruchs und nicht des Begehrens, wodurch es seine Existenz vornehmlich darauf begründet, das »Ding« zu sein, das der Mutter fehlt. Wäre der Anspruch der Mutter symbolisiert und genannt worden, hätte er sich wie im Falle der Neurose zum Begehren verwandeln können, wodurch auch das Objekt variabel geworden wäre: als Objekt des Begehrens, als verlorenes und stets zu substituierendes Objekt des spezifischen und unbewussten freudschen Wunsches würde es sich kraft der »Untersagung« durch das Gesetz an nichts mehr wirklich festmachen lassen.

Damit wird deutlich, dass das Wesen der Perversion nicht in einer Neigung zu einem gesetzlosen Genießen besteht, sondern vielmehr in der unbewussten Abwehr von Angst, die sich aus der Bedrohung eines vollkommenen Aufgehens im Genießen ergibt. Während beim Neurotiker das Gesetz des inzestuösen Verzichts dazu führt, dass sein Begehren in Gang gesetzt wird, muss der Perverse erst das Gesetz zur Existenz bringen, damit sich auch ein Objekt »a« als Begehrensursache herausbilden kann.

Beim **Fetischismus** gelingt es, das mangelhafte väterliche Gesetz durch das Fetischobjekt zu stützen, wobei dieses Objekt als Substitut des mütterlichen Penis auch die Position des phallischen »Dings« anstelle des Subjekts einnimmt und, wie schon erwähnt, eine homosexuelle Entwicklung verhindern kann.

Im **Masochismus** zeigt sich für Fink (ebd., 248ff) am deutlichsten, wie der Andere dazu gebracht wird, das Gesetz zu äußern. Denn die Neigung, durch das Ertragen von Schmerz und Qual scheinbar uneigennützig dem Partner ein Genießen zu verschaffen, beinhaltet auch die Absicht, im Anderen **Angst zu erzeugen** und ihn zum Aussprechen eines Einhalt gebietenden »Genug!« zu bewegen. Ein Teil der Verleugnung des Masochisten besteht somit darin, diese Herrschaft über den Anderen unbewusst zu negieren.

Was schließlich den **Sadismus** als eine weitere wesentliche Kategorie der Perversion betrifft, ist hier die Angsterzeugung von vornherein im Vordergrund, da sie, wie jeder leicht nachvollziehen kann, die eigentliche Lustquelle für die Neigung zum Quälen und zur Zufügung von Schmerz darstellt. Aber weder darin noch im Bestreben, dem Anderen ein masochistisches Genießen zu verschaffen, liegt für Lacan das Wesentliche der sadistischen Inszenierungen. Wie Fink (ebd., 253ff) betont, geht es dem Sadisten insgeheim darum, **das Objekt »a« als Ursache des Begehrens zu isolieren**, um dadurch das unbewusste Begehren nach Trennung und symbolischer Kastration einzuleiten. Denn das Objekt »a« als rückwirkend begehrtes Abfallprodukt bei der Symbolisierung entsteht dann, wenn ein Objekt verloren zu gehen droht bzw. wenn das Begehren oder der Wille des Anderen ins Spiel kommt (wie etwa bei den frühkindlichen Entwöhnungsprozessen). Zwar verdeckt das unbewusste Phantasma den erfolgten Verlust, er wird aber in Zusammenhang mit seinem Objekt beim Auftauchen von Angst reaktualisiert. Im Glauben daran, dass der Wille des Anderen, den er als einen eigennützigen Herrschafts- und Besitzanspruch erlebt hat, darauf aus ist, ihm das Objekt des Genießens zu nehmen und damit als grausamer Gesetzgeber zu fungieren, nimmt der Sadist selbst dessen Stelle ein, um die Trennung vom Objekt und die Trennung des Objekts an seinem Opfer, mit dem er sich ebenfalls identifiziert, zu vollziehen. Die Erzeugung von Angst unterstützt diesen Vorgang und verhindert gleichzeitig die Realisierung, da der Sadist weiterhin an das mütterlichen Begehren gebunden bleibt. Damit bleibt die unbewusst ersehnte symbolische Kastration aus und wird stattdessen in permanenter Wiederholung als grausames Spiel im Realen inszeniert.

Literatur

Fink, B. (2005): Eine klinische Einführung in die Lacansche Psychoanalyse. Theorie und Technik. Turia & Kant, Wien

Lacan, J. (1963): Kant mit Sade. Schriften II, Walter, Olten 1975, 133-163

Lacan, J. (1972/73): Encore. Das Seminar von Jacques Lacan, Buch XX, Quadriga, Berlin 1986

Als weiterführende Lektüre sei auch empfohlen:

Jahrbuch für klinische Psychoanalyse (herausgegeben von André Michels, Peter Müller, Achim Perner, Claus-Dieter Rath). Band 1: Perversion. Edition diskord, Tübingen 1998

C) Angewandte Psychoanalyse

Kapitelübersicht:

- Zu Freuds Bestimmung(en) der Psychoanalyse
  und ihrer Anwendungsgebiete

- Der Schautrieb und sein Objekt Blick

- Unbewusstes Inszenieren in der bildenden Kunst

- Sublime Gier – Bemerkungen zu den unbewussten Motiven
  des Sammelns und zur Funktion des Museums

- »Zum Verstehen eines Bildes braucht es einen Stuhl« (Paul Klee) Werkbetrachtung aus psychoanalytischen Perspektiven.

- Psychoanalyse, Kino und Film

- Stimme, Über-Ich, Musik
  Von der Triebhaftigkeit im Akustischen

Zu Freuds Bestimmung(en) der Psychoanalyse und ihrer Anwendungsgebiete

In ihrem wissenschaftlichen Anspruch, auch außerhalb des therapeutischen Praxisfeldes **die unbewussten Motive menschlichen Handelns zu erforschen, verbindet die Psychoanalyse eine Theorie des Subjekts mit der Analyse von Gesellschaft, Kultur und Kunst.** Durch ihr Bestreben, die Frage nach Sinn, Bedeutung und Begehren in ihren unbewussten Dimensionen auf die Untersuchung des Ausdrucks und der Organisation aller Bereiche des menschlich-sozialen Lebens anzuwenden, bietet sie auch eine Forschungsmethode an, die geeignet ist, Einzelbefunde der verschiedensten Wissenschaftsdisziplinen epistemologisch zu verbinden und so zu einem offenen und kritischen Austausch zwischen ihnen beizutragen. Sie stellt damit auch einen Versuch dar, den Verlust an übergreifenden Fragestellungen und gemeinsamen Problemfeldern wettzumachen, zu dem die zunehmende Spezialisierung der Einzelwissenschaften geführt hat. Entsprechend dem Voranschreiten seiner Erkenntnisse, aber auch nicht unbeeinflusst von persönlichen Vorlieben hat Freud sehr bald den psychoanalytischen Gegenstandsbereich auf mannigfaltige Gebiete ausdehnen können.

1913, in »Das Interesse an der Psychoanalyse« (Freud 1913) umreißt er die Anwendungsgebiete der inzwischen zu einer bedeutenden wissenschaftlichen Disziplin angewachsenen Psychoanalyse. Dabei unterscheidet er ein psychologisches Interesse von einem Interesse der Psychoanalyse für die nicht-psychologischen Wissenschaften.

Er geht zunächst von einer historischen Definition aus, wonach die Psychoanalyse ein ärztliches Verfahren sei, welches die Heilung gewisser Formen von Nervosität (Neurosen) mittels einer psychologischen Technik anstrebe (ebd., 420), er lässt aber das ärztliche Interesse an der Psychoanalyse schnell beiseite, um auf Erkenntnisse seiner Methode bezüglich menschlicher Erlebnisse, Äußerungen und Verhaltensweisen sowohl krankhafter als auch normaler Natur näher einzugehen, welche von den psychologischen Wissenschaften nicht als ihnen zugehörige Phänomene erachtet und eher der Physiologie zugeschrieben wurden. Seiner Psychoanalyse räumt er das Verdienst ein, einerseits die physiologische Denkweise eingeschränkt und andererseits ein großes Stück der Pathologie für die Psychologie erobert zu haben.

Bezüglich des Interesses der Psychoanalyse für die Wissenschaften außerhalb der Psychologie wird ein breites Spektrum verschiedenster Disziplinen der Geistes- und Naturwissenschaft namhaft gemacht:

Sprachwissenschaft, Philosophie, Biologie, Entwicklungsgeschichte, Kulturgeschichte, Geschichte, Kunstwissenschaft, Soziologie und Pädagogik.

In seinem 1926 verfassten Artikel (»Psycho-Analysis«) zur 13. Auflage der »Encyclopaedia Britannica« (Freud 1926) will Freud die Psychoanalyse zwar vor allem als eine besondere Behandlungsmethode neurotischer Leiden verstanden wissen, er bezeichnet mit diesem Begriff aber auch eine Wissenschaft von den unbewussten seelischen Vorgängen, für die der Ausdruck »Tiefenpsychologie« (nach einem Vorschlag des Züricher Psychiaters Eugen Bleuler) ebenfalls zutreffend sei.

Und er prognostiziert, dass in Zukunft die Bedeutung der Psychoanalyse als Wissenschaft vom Unbewussten ihre therapeutische Bedeutung weit übertreffen würde. Hinsichtlich der tiefenpsychologischen Dimension werde das Seelenleben in gewohnter Weise von drei Gesichtspunkten aus – nämlich dynamisch, ökonomisch und topisch – betrachtet. Diese drei Kategorien seien jedoch nicht die Voraussetzungen für die psychoanalytische Arbeit, sondern vielmehr deren Ergebnisse, die einer ständigen Revision zu unterwerfen seien. Ihr Erkenntnisgewinn wird sowohl für das Gebiet der neurotischen Erkrankungen als auch für den Bereich der Anwendungen der auf ärztlichem Boden entstandenen Psychoanalyse auf Geisteswissenschaften wie Kultur- und Literaturgeschichte, Religionswissenschaften und Pädagogik geltend gemacht.

In »Neue Folge der Vorlesungen zur Einführung in die Psychoanalyse«, welche bekanntlich nie gehalten, aber 1933 herausgegeben wurde (Freud 1933) spricht Freud von einer der ersten Anwendungen der Psychoanalyse, die darin bestanden habe, »dass sie uns die Gegnerschaft verstehen lehrte, die uns die Mitwelt bewies, weil wir Psychoanalyse trieben« (ebd., 156). Danach sei die innere Identität zwischen den pathologischen und den so genannten normalen Vorgängen erkannt worden, so dass sich daraus und auf Grund der Erkenntnis, dass nichts, was Menschen schaffen oder treiben würden, ohne Mithilfe der Psychologie verständlich sei, verschiedenste Anwendungen der Psychoanalyse auf zahlreiche Wissensgebiete ergeben hätten. Dabei sei die Schwierigkeit aufgetaucht, dass die Analytiker als Dilettanten mit mehr oder weniger zureichender Ausrüstung und mit oft in Eile zusammengerafften Überlegungen Einfälle in letztlich fremde Disziplinen unternommen hätten und dabei von den dort ansässigen Forschern als Eindringlinge erachtet und entsprechend abgelehnt worden seien. Nach und nach habe sich allerdings der Personenkreis vergrößert, welcher die Psychoanalyse in jeweiligen Spezialfächern anzuwenden begonnen hätte, wodurch es schließlich zur Ablösung der Pioniere durch die Kolonialisten gekommen sei. Bezüglich dieser fruchtbaren Arbeit weist Freud auf die wachsende Bedeutung der 1912 gegründeten Zeitschrift »Imago« hin, welche man für die nicht-medizinischen Anwendungen der Analyse ins Leben gerufen habe. Dabei dürfte Freud auf Bescheidenheit gegenüber zu hochgespannten Erwartungen und auf Behutsamkeit des Vorgehens bedacht gewesen sein, wie zumindest aus einer Anmerkung zu »Totem und Tabu« (Freud 1912-1913, 93) hervorgeht:

»Es ist ein notwendiger Mangel der Arbeiten, welche Gesichtspunkte der Psychoanalyse auf Themen der Geisteswissenschaften anwenden wollen, dass sie dem Leser von beiden zu wenig bieten müssen. Sie beschränken sich darum auf den Charakter von Anregungen, sie machen dem Fachmann Vorschläge, die er bei seiner Arbeit in Erwägung ziehen soll«.

Auch in den 1915 bis 1917 gehaltenen »Vorlesungen zur Einführung in die Psychoanalyse« (Freud 1916-1917, 170) war darauf hingewiesen worden, dass sich bei der psychoanalytischen Arbeit Beziehungen zu so vielen anderen Geisteswissenschaften anspinnen würden, deren Untersuchung die wertvollsten Aufschlüsse verspreche, zur Mythologie wie zur Sprachwissenschaft, zur Folklore, zur Völkerpsychologie und zur Religionslehre. In allen diesen Beziehungen sei die Psychoanalyse zunächst der gebende, weniger der empfangende Teil:

»Sie hat zwar den Vorteil davon, dass uns ihre fremdartigen Ergebnisse durch das Wiederfinden auf anderen Gebieten vertrauter werden, aber im ganzen ist es die Psychoanalyse, welche die technischen Methoden und die Gesichtspunkte beistellt, deren Anwendung sich auf jenen anderen Gebieten fruchtbar erweisen soll. Das seelische Erleben des menschlichen Einzelwesens ergibt uns bei psychoanalytischer Untersuchung die Aufklärungen, mit denen wir manches Rätsel im Leben der Menschenmassen lösen oder doch ins rechte Licht rücken können« (ebd., 171).

In »Die Frage der Laienanalyse« (Freud 1926, 280f) macht Freud bezüglich der Verbindung von Psychoanalyse und ärztlichem Studium folgende Einschränkung:

»Die analytische Ausbildung überschneidet zwar den Kreis der ärztlichen Vorbereitung, schließt diesen aber nicht ein und wird nicht von ihm eingeschlossen. Wenn man, was heute noch phantastisch klingen mag, eine psychoanalytische Hochschule zu gründen hätte, so müsste an dieser vieles gelehrt werden, was auch die medizinische Fakultät lehrt: neben der Tiefenpsychologie, die immer das Hauptstück bleiben würde, eine Einführung in die Biologie, in möglichst großem Umfang die Kunde vom Sexualleben, eine Bekanntheit mit den Krankheitsbildern der Psychiatrie. Anderseits würde der analytische Unterricht auch Fächer umfassen, die dem Arzt ferne liegen und mit denen er in seiner Tätigkeit nicht zusammenkommt: Kulturgeschichte, Mythologie, Religionspsychologie und Literaturwissenschaft. Ohne eine gute Orientierung auf diesen Gebieten steht der Analytiker einem großem Teil seines Materials verständnislos gegenüber«.

Und etwas später (ebd., 283f) folgt der bekannte Satz:

»Der Gebrauch der Analyse zur Therapie der Neurosen ist nur eine ihrer Anwendungen; vielleicht wird die Zukunft zeigen, dass sie nicht die wichtigste ist. Jedenfalls wäre es unbillig, der einen Anwendung alle anderen zu opfern, bloß weil dies Anwendungsgebiet sich mit dem Kreis ärztlicher Interessen berührt«.

Im gleichen Zusammenhang (ebd., 288) erscheint Freud die ärztliche Ausbildung als ein beschwerlicher Umweg zum analytischen Beruf, da sie dem Analytiker zwar vieles gebe, was ihm unentbehrlich sei, dass sie ihm aber andererseits zu viel auflade, was er nie verwerten könne, so dass die Gefahr bestehe, dass sein Interesse wie seine Denkweise von der Erfassung der psychischen Phänomene abgelenkt werde. So sei die Psychoanalyse kein Spezialfach der Medizin, sondern ein Stück Psychologie, auch nicht medizinische Psychologie im alten Sinne oder Psychologie der krankhaften Vorgänge, sondern Psychologie schlechtweg, gewiss nicht das Ganze der Psychologie, sondern ihr Unterbau, vielleicht überhaupt ihr Fundament. Dem möglichen Einwand, dass die Frage, ob die Psychoanalyse als Wissenschaft zur Medizin oder zur Psychologie gehöre, praktisch wertlos sei, dass sie es sich aber gefallen lassen müsse, als Spezialfach in die Medizin aufgenommen zu werden, sofern sie für sich beanspruche, eine Methode zur Behandlung von Kranken zu sein, will Freud nichts entgegensetzen; er weist aber darauf hin, dass er auf jeden Fall verhütet wissen wolle, dass die Therapie die Wissenschaft erschlage.

Hat Freud bezüglich der psychoanalytischen Therapiemethode immer wieder auf die spezifische Beziehung von Theorie und Praxis hingewiesen und diesbezüglich im Nachwort zur »Frage der Laienanalyse« mit Nachdruck festgestellt, dass in der Psychoanalyse von Anfang an ein Junktim von Heilen und Forschen bestanden habe (ebd., 293), so lässt er auch nie einen Zweifel an der innigen und letztlich unauflöslichen Verbindung aller psychoanalytischen Anwendungsgebiete.

Unter diesen Perspektiven lässt sich Freuds Lehre auch als Relativitätstheorie im Bereich der Humanwissenschaften verstehen. Abgesehen davon, dass der konsequente Nachweis der das Subjekt bestimmenden Dimensionen von Geschichte, Sexualität und Unbewusstheit ein bislang gewohntes Menschenbild in Frage gestellt hat, kann Freuds **»allgemeine und spezielle Neurosenlehre« auch als eine »allgemeine und spezielle Relativitätstheorie«** in Bezug auf das menschliche Seelenleben einschließlich aller »spezifisch-menschlichen« Krankheiten charakterisiert werden. Die Geltung eines »allgemeinen Freudschen Relativitätsprinzips« wird auf drei hauptsächlichen Ebenen deutlich:

- Erstens wird die Grenze bezüglich **Normalität und Pathologie**, bezüglich psychischer Gesundheit und psychischer Krankheit, relativiert.
- Zweitens stellt die Psychoanalyse stets die Kontinuität zwischen **Individuum und Gesellschaft** heraus, wobei sie auf ihre Weise einen Beitrag zur alten Frage der dialektischen Verknüpfung von Subjekt und Kollektiv leistet.
- Schließlich, drittens, ist ein wesentliches Element der psychoanalytischen Theorie und Praxis von der **Relativität der Zeitlichkeit** des menschlichen Seelenlebens geprägt, so dass hinsichtlich der unbewussten Motive menschlichen Verhaltens und Handelns eine strenge Trennung von Vergangenheit, Gegenwart und Zukunft nicht aufrechtzuerhalten ist. Das mensch-

liche Subjekt ist in seiner Gegenwart durch die Vergangenheit bestimmt und jede Aktualität verweist auf eine Geschichte, welche wiederum durch einen Bezug auf ein stets zu verwirklichendes und auch stets aufgeschobenes Zukünftiges geprägt ist. Daran schließt sich natürlich Freuds Prinzip der **Nachträglichkeit** an, welches die Zeitlichkeit auch in ihrer linearen Ordnung relativiert. Sein das menschliche Seelenleben strukturierender Charakter zeigt sich besonders in Freuds späterer Theorie der Zweizeitigkeit des Traumas, welche das traumatische Ereignis in zwei Erfahrungen aufspaltet, von welchen das nachfolgende Ereignis dem ihm vorausgehenden im Sinne eines »après coup« traumatisierende Wirkung verleiht. Ein erstes Ereignis in diesem Sinne wird also immer nur ein Trauma gewesen sein. Diese Konzeption hat auch Lacans Herausarbeitung der Erfahrungsmechanismen bei der Ich- und Subjektgenese und der »Zeitlichkeit des Unbewussten« im Sinne eines Futurum exactum (*futur anterieur*) maßgeblich beeinflusst. In dieser Hinsicht kann etwa das »Phantasma des zerstückelten Körpers« erst nach der Erfahrung eines umgrenzten Selbst in der Spiegel-Ich-Bildung als solches erlebbar werden.

Hinsichtlich der Wechselbeziehungen zwischen den Anwendungsbereichen der Psychoanalyse ließe sich auch noch eine **vierte Relativität hinzufügen, wonach die Grenzen zwischen den drei fundamentalen Gegenstandsbereichen Klinik, Kulturtheorie und Gesellschaftstheorie nur bedingt aufrechtzuerhalten sind.** Freuds diesbezügliche Postulate sind bereits hervorgehoben worden.

Freilich haben einige der von ihm und seinen Mitstreitern geübten und empfohlenen interdisziplinären Verknüpfungen mittlerweile einen Bedeutungsverlust erfahren, sei es, weil bestimmte Gegenstandsbereiche an Aktualität eingebüßt haben, sei es, weil bestimmte Ansätze heutzutage als epistemologisch überholt betrachtet werden müssen. Andererseits sind in den letzten Jahrzehnten viele Anwendungsbereiche erschlossen worden, denen die ersten Psychoanalytikergenerationen teils weniger Beachtung schenkten, teils aber auch weniger Beachtung schenken konnten, weil sie einerseits aus historischen Gründen, andererseits auf Grund konzeptioneller Unzulänglichkeiten noch außerhalb ihres Gesichtskreises standen. Hatte zwar Freud neben der Literatur als Hauptquelle psychoanalytischer Erkenntnismöglichkeiten außerhalb des klinischen Erfahrungsfeldes auch der bildenden Kunst eine hohe Bedeutung eingeräumt, so blieben seine diesbezüglichen Arbeiten doch auf das Studium von Künstlern und Kunstwerken lange vergangener Epochen beschränkt. Die Reserviertheit gegenüber dem künstlerischen Schaffen seiner Zeit erstreckte sich auch auf zeitgenössische mediale Innovationen und insbesondere auf die Kinematographie, die er, wie übrigens auch die Musik, als psychoanalysefremd erachtete.

Wie noch zu zeigen sein wird, ist in dieser Hinsicht mittlerweile Vieles an Ergänzungs- und Korrekturarbeit geleistet worden, wobei auch die in letzter Zeit eingetretene **»kulturwissenschaftliche Wende« der Psychoanalyse** durch die Entwicklung transdisziplinärer Fragestellungen tatsächliche Innovationsschübe in den Geistes- und Humanwissenschaften bewirkt hat. Dazu haben vor allem Lacan und seine Schule Wesentliches beigetragen.

Wenn also in den folgenden Kapiteln einige Streifzüge durch jene weite Landschaft unternommen werden, welche von J.-P. Sartre nicht ohne Skepsis als **»Psychoanalyse von Sachen«** bezeichnet worden ist, so soll das Hauptaugenmerk auf Gebiete gelenkt werden, die durch eine Differenzierungsarbeit an traditionellen trieb- und objektbeziehungstheoretischen Konzepten sowie durch die Einführung neuer Kategorien in die psychoanalytische Lehre entweder eröffnet worden sind oder eine neue Orientierung erfahren haben. Neben dem Einsatz medialer Kategorien (Imaginäres und Symbolisches gegenüber dem unvermittelten Realen) mit ihren jeweiligen Theoriefeldern ist dabei vor allem die Herausarbeitung von triebhaften Modalitäten zu erwähnen, die, wie etwa der Schautrieb und der Invokationstrieb, in der klassischen Lehre relativ geringe Beachtung gefunden hatten.

Literatur

Freud, S. (1913): Das Interesse an der Psychoanalyse. G.W. VIII, 390-420

Freud, S. (1926): Psycho-Analysis. G. W. XIV, 297-307

Freud, S. (1933): Neue Folge der Vorlesungen zur Einführung in die Psychoanalyse. G.W. XV, 1-197

Freud, S. (1912-1913): Totem und Tabu. G.W. IX

Freud, S. (1916-1917): Vorlesungen zur Einführung in die Psychoanalyse. G.W. XI

Freud, S. (1926): Die Frage der Laienanalyse. G.W. XIV, 207-286

Der Schautrieb und sein Objekt Blick

Abbildung 5: Zeichnung von Tex Rubinowitz

Die Faszination angesichts eines allgegenwärtigen Leuchtens der Bildschirme, angesichts einer Omnipräsenz des Blicks, angesichts einer sich der Totalität annähernden Beleuchtung der Welt und angesichts unserer täglichen Bewegungen und Transportunternehmungen auf Bahnen, die sich an der Lichtgeschwindigkeit orientieren, zeigt uns heutzutage vielleicht eindrücklicher als je zuvor, dass das Auge ein gefräßiges Organ ist.

Die Triebhaftigkeit des Schauens, dessen Triebquelle und erogene Zone im Auge liegt und dessen ursprüngliches Triebobjekt, wie noch zu zeigen sein wird, der Blick (vom Anderen her) ist, ist allerdings lange Zeit nur randständig Gegenstand psychoanalytischer Investigation und Reflexion geblieben. Sicherlich ist dafür zunächst einmal in Anschlag zu bringen, dass es ja gerade die Psychoanalyse war, die, ausgehend von der Frage nach dem Wesen der Hysterie einen Paradigmenwechsel hinsichtlich des Wahrnehmungsraumes im klinischen Erkenntnisfeld einführte. Denn erst durch den Schritt von der akribischen Beobachtung und Beschreibung der Symptome und Verhaltensweisen der Patienten zur Anhörung dessen, was sie in ihrem Innersten erlebten, durch einen Wechsel vom Bild zur Sprache also, konnte Freud hinter der lärmenden Maskerade der hysterischen Subjekte, hinter den seltsamen Riten und Obsessionen der Zwangskranken und hinter den unverständlichen Vermeidenshaltungen der Phobiker ein bis dahin unerhörtes weil unbewusstes bzw. verdrängtes Begehren aufspüren.

Die Macht und Ergiebigkeit des Visuellen für jede Erkenntnistätigkeit war damit aber nicht außer Kraft gesetzt. In einer Reflexion über den Wisstrieb als Motor menschlichen Forschungsdranges und Wahrheitsstrebens will Freud diesen aus zwei Konstituenten zusammengesetzt erkennen, welche er mit dem Schautrieb und dem Bemächtigungstrieb identifiziert.

»Der Wisstrieb kann weder zu den elementaren Triebkomponenten gerechnet noch ausschließlich der Sexualität untergeordnet werden. Sein Tun entspricht einerseits einer sublimierten Weise der Bemächtigung, andererseits arbeitet er mit der Energie der Schaulust. Seine Beziehungen zum Sexualleben sind aber besonders bedeutsame, denn wir haben aus der Psychoanalyse erfahren, dass der Wisstrieb der Kinder unvermutet früh und in unerwartet intensiver Weise von den sexuellen Problemen angezogen, ja vielleicht erst durch sie geweckt wird« (Freud, 1905, 100).

Als Freud sich in seiner Laufbahn von der leblosen Materie ab- und dem Menschen zuwandte, als er von der tierischen Anatomie zur menschlichen Psychologie überwechselte, als er das Mikroskop, das bewaffnete Auge, mit dem spitzen Ohr vertauschte, wechselte er vom Bild zur Sprache und damit zu einem Medium, das sich nicht in der Darstellung, sondern in der Vorstellung erfüllte. Sein visuelles Interesse und seine diesbezügliche Begabung setzten sich damit auf dem Feld der Sprache und des Sprechens fest, wo die Kraft der Bilder zu einer Meisterschaft der Metaphorik führte und einer Rhetorik und einem Schreibstil zum Durchbruch verhalf, welchem auch die Anerkennung von literarischer Seite nicht versagt blieb.

So begann bei ihm erst spät, um 1913, auch das Auge ins psychoanalytische Theoriegebäude einzudringen. Bedingt durch die Frage des **Narzissmus** erlangte der Schautrieb und seine Schicksale größere Bedeutung, nachdem lediglich in den »Drei Abhandlungen zur Sexualtheorie« (1905) Schautrieb und Skoptophilie näher behandelt worden waren; allerdings eher flüchtig und oberflächlich und nur unter den auffälligen Formen von Voyeurismus und Exhibitionismus. Dies schlug sich auch in zahlreichen Schriften seiner Schüler aus dieser Zeit nieder, wobei das kulturelle Umfeld mit dem Aufkommen neuer visueller Medien, vor allem der Kinematografie, einen nicht zu gering zu veranschlagenden Katalysator darstellte. Vor allem trat 1914 Karl Abraham mit einem wesentlichen Beitrag dazu hervor: »Über Einschränkungen und Umwandlungen der Schaulust bei den Psychoneurotikern nebst Bemerkungen über analoge Erscheinungen in der Völkerpsychologie« (Abraham 1969, 324-382). Es waren vor allem Fenichel und Schilder, die später diese Thematik wieder aufnahmen: Fenichel sprach 1935 in seiner Arbeit »Schautrieb und Identifizierung« (Fenichel 1979, 382-408) dem Visuellen vor allem im Zusammenhang mit der oralen Organisation der Triebentwicklung und dessen Modus der Einverleibung eine grundlegende Bedeutung für die Entwicklung subjektiver Strukturen zu; im gleichen Jahr wies Paul Schilder in seinem Buch »The Image and Appearance of the Human Body«, basierend auf einer früheren Arbeit über das Körperschema, auf die Bedeutung des Körperbildes für die Beziehung des Menschen zu sich selbst, zu seinen Mitmenschen und auf die ihn umgebende Welt hin, bevor Lacan kurze Zeit später diesen theoretischen Ansatz als kohärente Konzeption der Ich-Bildung und der Ich-Entwicklung unter dem Begriff des Spiegelstadiums vorstellte (siehe dazu auch S. 25ff).

Lacans Wahrnehmungsinteresse umfasste von vornherein und mit weniger Hemmungen gegenüber dem Sinnlichen sowohl den sprachlich-abstrakten Intellekt als auch die konkreteren Erfahrungen von Bild- und Körperhaftem. Eine ihn auszeichnende besondere Ästhetik, eine Auffassung vom Ideal, die sowohl historisch als auch kulturgeographisch von der Position Freuds unterschieden war, eröffnete ihm einen leichteren Zugang zum Feld des Sehens, zur Welt des Lichts und zur Kraft des Bildes. Er war ein Augenmensch und ein Blickwesen, übrigens ähnlich wie Clérambault, einer seiner psychiatrischen Lehrer: dieser hatte als obsessioneller Fotograf zigtausende Fotografien von Gewändern und Draperien hauptsächlich nordafrikanischer Frauen hergestellt und als er wegen eines Augenleidens zu erblinden drohte, machte er selbst seinem Leben ein Ende, indem er sich, vor einem Spiegel sitzend, erschoss.

Was Lacan aus dem Mund seiner Patienten vernahm, war daher nicht nur ein Hören, sondern immer auch ein Lesen. Dies bedeutet, den engen Bezugs von Bild und Ton, von Sprache und Schrift und die Macht des Buchstäblichen zu beachten, so dass ein Analytiker in gewisser Weise ein blinder Seher und ein tauber Hörer ist. Lacans spielerischer Umgang mit dem Signifikanten, seine Neologismen und Wortspiele, seine Dekonstruktionen von Syntax und Grammatik bezeugen eine Treue nicht nur zur formalen Hülle des Symptoms, sondern auch zur Formalität des (freudschen) Unbewussten überhaupt als dem wesentlichen psychoanalytischen Gegenstandsbereich. Seine Hingabe an und seine Durchlässigkeit für die Eigentlichkeit und Unmittelbarkeit der Sprache, sie sind sicherlich nur in Zusammenhang mit den Strömungen des Surrealismus, der konkreten Poesie und mit anderen Avantgardebewegungen von Literatur und Kunst zu seiner Zeit ganz zu verstehen. Sie haben wohl auch das ihre zu Lacans Charakter und zu seinem Auftreten als dem eines Ästheten beigetragen.

Freuds Ausdrucksstil hingegen war an eher konservative literarische Vorbilder seiner Zeit und an klassische ästhetische Ideale angebunden; er war den abgeschlossenen Formen des Romans, der Erzählung, des Dramas und des sinnhaft-narrativen Gedichtes verhaftet. So waren seine Krankengeschichten von vornherein als Novellen zu lesen, so kamen seine Texte einem v. Krafft-Ebing wie wissenschaftliche Märchen vor, so waren die neurotischen Schicksale von ihm zwischen die Klammern der großen klassischen Tragödien und Mythen gesetzt. Von alledem gibt es bei Lacan nicht mehr viel. Wir finden bei ihm keine großen Geschichten, schon gar nicht umfassende Krankengeschichten. Die Diachronie tritt hinter der Synchronie zurück, vor die Inhalte stellt sich die Struktur; analog zur Geologie stellt sich die Geschichte als geschichtet dar, und das Problem der Psychoanalyse als Wissenschaft konzentriert sich auf die Frage nach den Formalisierungsmöglichkeiten ihrer Phänomene. Daher finden wir vor allem beim späten Lacan so viele Schemata, so viele Formeln, so viele Matheme und Algorithmen, und schließlich, als sich Lacan seinem Ende nähert, verknüpft er die Linien seines Denkens und die Kategorien seiner psychoanalytischen Erfahrung so oft zu vielfach verdrehten Schlingen und zu teilweise unauflösbaren Knoten. Und schließlich führt er, neben der Linguistik, eine zweite wissenschaftliche Disziplin mit Konsequenz in die psychoanalytische Theoriearbeit ein, deren Fruchtbarkeit allerdings schon Freud in Ansätzen gesehen hatte: die Optik.

Psychischer Apparat/Optischer Apparat

Stellen jedoch für Freud die optischen Apparaturen nur Modelle und Metaphern für die Anschauung des psychischen Apparates dar, weshalb er es auch unter Bedachtnahme auf seine Mahnung, das Gerüst nicht für den Bau zu halten, unterlassen hat, in solchen optischen Maschinen Seelisches zu suchen und sich etwa für eine analytische Phänomenologie der ihm zeitgenössischen Fotografie oder Kinematografie zu interessieren, **so ist für Lacan die Optik selbst auch Teil der anthropologischen Wissenschaften:**

»Ich kann Ihnen die Meditation über die Optik nicht genug empfehlen... Diese wunderliche Wissenschaft, die sich befleißigt, mit Apparaten diese eigenartige Sache zu produzieren, die sich *Bilder* nennt, im Unterschied zu anderen Wissenschaften, die einen Schnitt in die Natur legen, eine Abtrennung, eine Anatomie« (Lacan, 1978, 101).

Damit ist für eine strukturale Psychoanalyse das optische Dispositiv ganz konkret ein wesentlicher Teil der Seele, weil sie insbesondere das Fundament des Subjekts als einen optischen Apparat konzipiert. Das Medium des Imaginären ist diesem Apparat in privilegierter Weise zugeordnet. Indem es einen Repräsentationsvorgang als Punkt-für-Punkt-Entsprechung zulässt, wirkt es nicht nur bewusstseinserzeugend, sondern es verhilft auch einem Subjekt dazu, sich von sich ein Bild zu machen, welches aufgrund der privilegierten Funktion des Auges in erster Linie ein visuelles Bild ist, wenngleich auch andere Sinne (wie etwa akustische oder taktile Wahrnehmungen) in diesen Repräsentationsprozess eintreten und in gewissen Fällen – wie etwa im Falle der Blindheit – diesbezüglich eine leitende Funktion einnehmen müssen. In mythischer Form ist diesem Sachverhalt insofern Rechnung getragen, als die Geschichte der (akustischen) Echo mit dem Schicksal des (visuellen) Narziss untrennbar verbunden ist. Davon wird im späteren Kapitel über die Triebdynamik im Akustischen noch eingehender die Rede sein. (siehe S. 174ff)

Lacan situiert aber auch darüber hinaus in der den Menschen umgebenden Umwelt, in den ihn umgebenden Mitmenschen, in den Gegenständen, in seinen kulturellen Schöpfungen und da wiederum vor allem in den Bildern das Subjekt selbst. Diese Allgegenwärtigkeit des Subjekts markiert in jedem Fall den Anfang eines individuellen Lebens, manchmal, unter pathologischen Bedingungen kann sie in verschiedenem Ausmaß bestehen bleiben oder wieder auftauchen, immer aber bleibt sie auf der unbewussten Ebene nachweisbar. Der strukturellen und grundsätzlichen Entfremdung des Menschen, wie sie Freud unter der Formulierung des Ichs, das nicht Herr im eigenen Hause ist, ins anthropologische Bewusstsein unseres Jahrhunderts gehoben hat, stellt Lacan eine radikale Dezentrierung des Subjekts zur Seite, indem er, Rimbauds poetischen Satz **»Ich ist ein Anderer«** aufgreifend, das ursprüngliche Subjekt als ein äußeres Subjekt postuliert. So ist zwar das menschliche Wesen von Anfang an und schon vor seiner Geburt ein Sprechwesen, aber es wird gesprochen von einem Subjekt, das sich noch außerhalb seiner selbst befindet, wie etwa die Mutter oder auch die familiäre Tradition, und es wird gesehen, noch bevor es selbst sehen kann. Die eigentliche Subjektwerdung ist schließlich ein komplexer Aneignungsprozess durch jene Identifikationsvorgänge, wie sie uns Lacan in dem bereits dargestellten Konzept des Spiegelstadiums ausgearbeitet hat. Von einer solchen Subjektauffassung aus gelangt man auch zu einer psychoanalytischen Theorie des Bildes und der bildenden bzw. der bildnerischen Kunst, die sich an einer Revision der Konzeption des Subjekts des Sehens orientiert und dabei über das Trugbild eines selbstreflexiven Subjekts des Sehbewusstseins hinausgeht: Das primäre Moment liegt demnach nicht in der Erfahrung, sich als Sehenden zu erleben, da diesem Erleben ein erlittenes Sehen vorausgeht, ein Gesehenwerden also, das eine unauflösbare, wenngleich zumeist unbewusste Spur innerhalb aller Akte des Schauens hinterlässt. In dieser Hinsicht weist Lacan darauf hin, **dass wir in jedem Augenblick unseres Lebens buchstäblich photographiert werden**, und zwar von einem Punkt außerhalb unseres Selbst. Aber von welchem Punkt aus? Nehmen wir es vorweg: vom Ur-Objekt unseres Schautriebes, das weder ein sexualisierter Gegenstand noch ein verhüllter oder unverhüllter materieller Körperteil ist, sondern ein Teil des Auges selbst, welcher vom Ort des anderen her als eines jener besonderen Objekte fungiert, die Lacan mit dem Begriff Objekt »a« kennzeichnet und welches er in Bezug auf die Schaulust mit dem Blick identifiziert. Auf die damit verbundene subjektive Konnotation aller gesehenen Gegenstandsbereiche scheint der französische Sprachgebrauch stärker Rücksicht zu nehmen, da er mit dem Begriff des »Sujet« auch das Objekt beseelt, indem dadurch auch auf einen im Gesehenen enthaltenen Anderen verwiesen wird (le sujet d'un tableau etc.).

Diese **Funktion des Blicks als Objekt »a«**, verbunden mit der Phänomenologie des Sichtbaren und des Unsichtbaren, mit der Reflexion über das Wesen des Schautriebes und seiner Sublimierungsmöglichkeiten in jeder Kunst, welche etwas zu sehen gibt, entwickelt Lacan vor allem in seinem Seminar XI, das er unter dem Titel »Die vier Grundbegriffe der Psychoanalyse« im Jahre 1964 abgehalten hat (1975).

Schon am Beginn seiner Erörterungen legt uns Lacan nahe, auf dem Feld des Sichtbaren nicht nur dem Regulativ der Gestalt als Gegengewicht gegen idealistische Tendenzen besondere Bedeutung beizumessen, sondern neben dem Auge auch die totale Intentionalität des Subjekts in Rechnung zu stellen. Denn es ist zu bedenken, dass grundsätzlich jede Wahrnehmung eine Wahrgebung darstellt, wobei insbesondere auf der Ebene des Sehens die Wahrnehmung von Anfang an in einer Begehrensfunktion steht. Denn der Blick (des Anderen) ist ein grundsätzlicher Träger des Begehrens, freilich als bereits sublimierter Blick, da er nicht von vornherein liebend und gütig ist, sondern, als Ausdruck seiner elementaren Triebhaftigkeit, bannend, verschlingend kastrierend und böse. Im (guten) Blick trifft sich das Begehren nach Anerkennung mit der Anerkennung des Begehrens, welches als Wunschformation das Wünschen des anderen zum Ziele hat und damit den Wunsch beinhaltet, vom anderen gewünscht zu werden. Das Sichtbare ist demnach abhängig von etwas, das vor dem Auge des Sehenden ist, es ist abhängig von der Präexistenz eines Blicks. **Ich sehe, so Lacan, zwar nur von einem Punkt aus, bin aber in meiner Existenz von überall her erblickt.**

Auge und Blick, dies ist für Lacan die Spaltung, in der sich der Trieb auf der Ebene des Sehfeldes manifestiert (poetisch verfasst zeigt uns eine solche Separation Luis Bunuel in seinem »Chien andalou«, wo in der vielleicht eindrücklichsten Sequenz des Films der Mond von einer Wolke, gleichzeitig aber auch ein Auge von einem Messer durchschnitten wird). Durch diese Spaltung ist der Blick ein privilegiertes Symbol der Kastrationsangst, welche als Affekt jede Erfahrung begleitet, in der sich ein Körperteil vom Körper trennt oder sich von ihm zu trennen droht. Darin ist auch die von Lacan hervorgehobene **grundsätzliche Bösartigkeit des Blicks** zu sehen.

Dieses Phänomen des »bösen Blicks« ist für viele Disziplinen ein privilegiertes Untersuchungsfeld, wobei zunächst vor allem von Geschichten der Volksüberlieferung auszugehen ist. In seinem »Ur-Motiv Auge«, einem umfangreichen kulturethologischen Werk zur Bedeutung des Auges als Signalgeber verweist König (1975) auf einen Autor namens Seligmann, der 1922 dazu folgendes angemerkt habe:

»Aber in allen diesen Geschichten wird das Auge nicht als bewundernswertes Meisterstück eines gütigen Schöpfers hingestellt, sondern vielmehr als ein Organ, dem eine unheilvolle und teuflische Macht innewohnt. Es herrscht allgemein die Anschauung, dass von manchen Augen ein Zauber ausgeht, der auf andere Augen einwirkt und eine solche Macht hat, dass der davon Betroffene sich ihm nicht entziehen kann und deshalb unterliegen und krank werden muss« (zit. n. König 1975, 103).

Die als »böser Blick« oder »böses Auge« bezeichnete magische Kraft werde nicht nur Menschen mit Missbildungen wie etwa Schiel-, Glotz- oder Hohläugigkeit, divergierender Augengröße oder Irisfarbe, Einäugigkeit und anderen pathologischen Merkmalen, sondern mitunter auch normalblickenden Personen, vor allem solchen mit zusammengewachsenen Brauen, zugeschrieben, die dann durch bloßes Hinsehen Kinder, Erwachsene, Haustiere, Pflanzen und Gegenstände schädigen könnten. In diesem Zusammenhang wird eine lange Reihe von Menschentypen, geschichtlichen Personen, Berufsklassen, Völkern, Gottheiten und Sagengestalten aufgezählt, die alle mit dem »bösen Blick« behaftet seien.

Auch leblose Dinge wie manche Statuen, Steine, Gestirne und alle Fotokameras hätten die Kraft des »bösen Auges«. Sehr bedeutungsvoll sei oft der »erste Blick«, den man auf jemand oder etwas werfe. Ebenso wie das neiderfüllte Auge könne auch der bewundernde oder liebende Blick eines Menschen anderen Unglück bringen, weil er die Missgunst böser Geister wecke und sie zur Schadensstiftung anreize. Eng verbunden mit dem »bösen Blick« sei das »Berufen«, »Beschreien« oder »Verschreien«, bei dem die manchmal gar nicht beabsichtigte Unheilswirkung von lobenden, den Neid der Götter oder Dämonen aufstachelnden Worten ausgehe. Diese Art der »Faszination«, der Behexung, der Verzauberung, sei allerdings von dem damit oft verwechselten »Verrufen« zu unterscheiden, das sich böswilliger Verwünschungsformeln bediene, um über bestimmte Menschen, Tiere oder Sachgüter Unglück zu bringen (ebd.103f).

Auch für den Verhaltensforscher liegt der »böse Blick« in einer Umkehrung der Machtstruktur begründet, wonach sich die Macht des Beobachtens, ohne selbst gesehen zu werden, durch Projektion in die Bedrohung verwandelt, beobachtet zu werden, ohne selbst zu sehen. (ebd.105).

Ethologen sehen Blickbeziehungen auch bei manchen höheren Tieren als Ausdrucksmittel des Rangordnungsverhaltens an, was sich dann auch in die menschliche Sozietät hineinverfolgen lasse. Nach der Bibel sei der Blick Gottes, also des Ranghöchsten, nach uralter Vorstellung tödlich. Zeus müsse seinen diversen irdischen Geliebten in allen möglichen Gestalten erscheinen, weil sein strahlender Gottesblick sie vernichten würde. Brahma und Vishnu seien von ihrer Mutter, der höchsten indischen Göttin Bhavani, verbrannt worden weil sie deren Liebe nicht erwidern wollten, mittels der heißen Strahlen ihres Stirnauges. Siwa, der dritte Sohn, habe sich daraufhin zur Liebe bereit erklärt, sofern ihn die Mutter mit dem Stirnauge schmücke. Damit »bekränzt« habe er die Mutter sofort verbrannt und Brahma und Vishnu ins Leben zurückgerufen. Und im Rolandslied heißt es über Karl den Großen: »Niemand musste fragen, wer denn nun der Kaiser sei. Keiner war ihm gleich: sein Antlitz war herrlich. Keiner von ihnen konnte ihm voll in die Augen blicken, so blendete sie der Glanz wie die Sonne am hellen Tag…« (ebd.107).

Es bedarf keiner besonderen Ausführung, welche Rolle die Augenkommunikation im Alltagsleben für den Menschen spielt und welche sozialen Konsequenzen die Variationen des »bösen Blicks« im zwischenmenschlichen Umgang nach sich ziehen können. Es sei aber noch erwähnt, dass früher in Studenten- und Offizierskreisen das »Fixieren«, also scharfes konzentriertes Anschauen, als Duellgrund galt und nicht selten zur bewussten Herausforderung wurde und dass noch vor nicht allzu langer Zeit auch im so genannten aufgeklärten Kulturraum vielen Menschen (zum Beispiel dem Komponisten Jacques Offenbach) das Odium eine »Jettatore«, eines Trägers des bösen Blicks anhaftete. (ebd. 108)

Nicht zu vergessen ist, dass auch die Hypnose in ihren verschiedenen Erscheinungsformen und Techniken vor allem auf die Wirkungen der Blickmacht zurückgreift.

Deshalb weist Lacan im bereits erwähnten Seminar auf die Universalität der Funktion des »bösen Blicks« hin, so dass es kulturgeographisch und kulturhistorisch nirgends auch nur die Spur eines guten Blicks, eines Auges, das Segen bringe, gebe.

»Was heißt das?« – Wohl doch, dass das Auge die tödliche Funktion in sich birgt – erlauben Sie mir, dass ich auf mehreren Registern spiele – als solches mit einer Separationsgewalt ausgestattet zu sein. Dieses Trennende geht jedoch sehr viel weiter als das distinkte Sehen. Die ihm zugesprochenen Kräfte: dass es die Milch eines Tieres versiegen lassen kann, wenn auf dieses der böse Blick fällt – ein Glaube, der in unserer Zeit in den zivilisiertesten Ländern so verbreitet ist wie zu jeder anderen – dass es Krankheit mit sich bringt, Unglück, wo könnten wir uns diese Kraft besser vorstellen als in der *Invidia*?« (Lacan, 1975, 122).

Invidia, **der Neid**, leitet sich von *videre* ab. Und als beispielhafte Beschreibung für die Psychoanalyse des Neides führt Lacan uns eine Stelle bei Augustinus vor, die ein kleines Kind ins Zentrum rückt, das seinen an der Mutterbrust hängenden Bruder *amare conspectu* anblickt, also mit bitterbösem Blick, der den Beneideten buchstäblich zersetzt und auf den Neider selbst wie Gift wirkt. Und um zu verstehen, was die Invidia in ihrer Funktion als Blick sei, dürfe man sie nicht mit der Eifersucht verwechseln. Was das Subjekt tatsächlich beneide sei nämlich keineswegs identisch mit dem, wonach es zunächst das neidvolle Verlangen verspürt. Jeder wisse, sagt Lacan, dass der Neid für gewöhnlich hervorgerufen werde durch den Besitz von Gütern, die dem, der neidet, von keinerlei Nutzen wäre und deren wahre Natur dieser nicht einmal ahne. Der Neid lässt hingegen das Subjekt erbleichen vor dem Bild einer in sich geschlossenen Erfüllung und davor, dass das kleine Objekt, das Objekt »a«, das die Marke des Verlustes und der Kastration trägt, für ein anderes einen Besitz darstellen kann, an dem dieses sich befriedigt, dass dieses Bild also die Befriedigung an sich darstellt.

Im Neid/*invidia* liegt aber auch gleichzeitig ein Nicht-hin-sehen-können, weil die Angst vor der Aggression sowohl vor der Zerstörung des an die eigene Unvollkommenheit mahnenden Erfüllungsideals als auch vor dem destruktiven Zurückwirken vom anderen her ein Abwenden des Blicks bewirkt.

Dem »bösen Blick« ist der »bannende Blick«, das prophylaktische Auge, das eine Schutzfunktion innehat, zu korrelieren. Was es dabei an Prophylaktischem gebe ist Lacan zufolge etwas Allopathisches, etwas, das ganz einfach ein Phallus sei, was durch die verschiedenen Formen, die solche prophylaktischen Augen annehmen würden, durchaus bezeugt sei. Wenn unter bestimmten Amuletten solche auffindbar seien, die ein Gegen-Auge aufwiesen, so sei dies wohl eine homöopathische Funktion, welche dem Auge zwar eine abwehrende Wirkung, aber keinesfalls eine heilbringende zugrundelege.

Geometrale Optik/ Lichtoptik

Mit Lacans Blick auf den Blick lässt sich eine Optik herausarbeiten, die jener geometralen Optik gegenübersteht, wie sie sich in der Ausarbeitung der Perspektive ab der Renaissance entwickelt, gleichzeitig und nicht ohne Beziehung mit dem Entstehen des Descartes'schen Subjekts des Cogito. Bezüglich dieser Optik heißt es:

»In unserem Verhältnis zu den Dingen, das konstituiert ist durch die Bahn des Sehens und nach den Figuren der Vorstellung gleitet, läuft und überträgt sich von Stufe zu Stufe etwas, das jedoch immer bis zu einem gewissen Grad umgangen wird – es ist das, was Blick heißt« (ebd.71).

Damit ist wieder auf die Besonderheit des Blicks in der Reihe der Ur-Objekte, der Objekte »a«, hingewiesen.

Erinnern wir uns, dass die Spaltung des Subjekts – und damit auch seine Konstituierung – grundsätzlich durch die Konstituierung eines Objekts determiniert ist, das aus einer Urseparation entstanden ist und das Teil des eigenen oder des fremden Körpers ist, was am Anfang auf dasselbe hinausläuft, solange Ich und anderer noch nicht endgültig voneinander getrennt sind. Erinnern wir uns auch, dass ein solches primitives Objekt das Objekt »a« ist, wobei Lacan im allgemeinen vier solcher Objekte unterscheidet: Blick, Stimme, Brust und Kothäufchen. Bezüglich des Subjekts des Sehens ist also das Objekt »a« der Blick. Dieses Objekt steht auch in enger Beziehung zum unbewussten Phantasma und zur bewussten Phantasie. Denn im »imaginären Szenarium« des Phantasmatischen (Laplanche und Pontalis, 1991, 388) ist der dem Triebkomplex entstammende Wunsch stets ein unauflösbarer Subjekt-Objekt-Beziehungs-Komplex. Unter dem Schautrieb stehend hat sich allerdings das Subjekt immer mit seinem Objekt, dem Blick verwechselt, weil es in der Struktur des Blicks liegt, dass er als Objekt verkannt wird:

»So wie das Subjekt sich diesem Blick akkomodieren will, wird der Blick jenes punktförmige Objekt, jener schwindende Seinspunkt, mit dem das Subjekt sein eigenes Schwinden verwechselt« (ebd.89f).

Hier kommt also das Subjekt zu Fall, der Fall bleibt aber aus Strukturgründen unbemerkt, da er sich auf Null, das heißt auf einen Punkt reduziert. Deshalb kann Lacan auch sagen, dass der Schautrieb der Trieb ist, der am vollständigsten den Begriff der Kastration umgeht. Was folgt daraus?

Es folgt daraus jene Verkennung der Subjektspaltung, die zu der bereits erwähnten Subjektivierung des Sehens führt, wie sie eine nur geometrale Optik nahe legt, bei welcher das Sehen auf sich selbst rückbezogen wird, indem es sich selbst genügt und sich auch als Bewusstsein imaginiert. Es ist die Verkennung, der die junge Parze in dem von Lacan zitierten Gedicht Valerys anheim fällt, wenn sie sagt: »Ich sah mich mich sehen« (ebd.86).

Diese Umgehung der Funktion des Blicks nennt Lacan einen Taschenspielertrick, der auch im üblichen Narzissmuskonzept, welcher nicht über das Spiegelstadium hinausgelangt, Eingang findet. Im Schauspiel der Welt, im sekundären Narzissmus, sind wir hingegen von draußen angeschaute Wesen:

»Was uns zum Bewusstsein macht, das setzt uns auch mit demselben Schlag ein als ›speculum mundi‹ – als Spiegel der Welt« (ebd.81).

Unter diesem Blick zu sein, der uns einkreist und der aus uns in erster Linie angeschaute Wesen macht, das wäre also die eigentliche Befriedigung im Narzissmus und nicht die der Selbstliebe. Und Lacan sieht dies bezeugt etwa in der Befriedigung einer Frau, die sich betrachtet weiß, vorausgesetzt, dass man es ihr nicht zeigt.

Die Funktion des Blicks als das Angesehenwerden sei im Wachzustand elidiert, sie erscheine aber im Traum, denn das Charakteristische der Traumbilder sei jene »Sichtung«, die sich in der lapidaren Formulierung erschöpfe: *es zeigt*. Im Traum nehmen wir die

Position dessen ein, der nicht sieht, das Subjekt sieht nicht, wohin es führt, das Subjekt folgt nur, aber es kann sich auf keinen Fall so begreifen wie im cartesianischen Cogito. Das Subjekt kann sich sagen: Das ist nur ein Traum, aber es begreift sich nicht als eines, das sagen könnte: »Trotz alledem, ich bin Bewusstsein dieses Traumes« (ebd.82).

So ist der Blick für Lacan die Kehrseite des Bewusstseins, und das Bewusstsein, das der Illusion des »sich sich sehen zu sehen« folgt, ist in einer Umkehrung der Struktur des Blicks begründet.

Um die phylogenetische Verankerung der Präexistenz des Blicks, der vor dem Sichtbaren liegt, aufzuzeigen, führt Lacan das Phänomen der Mimikry vor. Dem französischen Schriftsteller und Essayisten Roger Caillois folgend, aber auch empirische zoologisch-ethologische Studien beachtend, sieht er das Wesen der Mimikry nicht in einer Anpassungsfunktion des Organismus, die etwa als Überlebensfunktion zu verstehen wäre, sondern in der Funktion eines Flecks, eines Flecks vor dem Hintergrund der Umgebung, aber auch vor dem Hintergrund eines »es selbst«. Diese Funktion eines primitiven Augenorgans zeige uns, dass vor dem Gesehenen ein »Zu-sehen-Gegebenes« existiere. Und Lacan sieht in dieser **Fleck-Funktion**, die auch wesensgleich mit der **Blick-Funktion** ist, nicht nur die Grundlage jener menschlichen Täuschungsmanöver, wie sie uns in Tarnung, Maskerade und Einschüchterung begegnen, sondern auch die Grundlage der Malerei bzw. der bildenden Kunst überhaupt.

Blickzähmungen

Die Maler hätten nämlich immer schon gezeigt, dass man den Blick irgendwie sehen könne, wie etwa in der Funktion der Maske bei Goya. Dieser Blick ist zwar nicht gesehener Blick, aber doch Blick, den man auf dem Feld des Anderen imaginiert. Das Auftauchen des Blicks ist sicherlich die Anwesenheit des anderen als solchen. Seine Existenz liegt aber nicht in einer Beziehung von Subjekt zu Subjekt, wie sie die herkömmlichen Objektbeziehungstheorien verstehen, sondern darin, dass das Subjekt unbewusst auf das sublime Objekt des Begehrens ausgerichtet ist, welches, wie hier der Blick, über den Anderen hinausgeht und ihm ein Mehr an Wert, Bedeutung und Lust verleiht. Das Begehren auf der Ebene des Sehens begnügt sich also nicht mit einer Darstellung des Objekts, wie sie uns durch die geometrale Optik gegeben ist, sondern es begehrt, dem Gesetz des Begehrens folgend, stets etwas anderes. Deshalb stellt die Mimesisfunktion der Kunst, die auf einen Kopiervorgang einer real vorhandenen oder einer vorgestellten Gegenstandswelt hinausläuft, noch keine wesentliche Kunstfunktion dar. Wie im Phänomen der Mimikry ist die Faszination eines visuellen Kunstwerkes immer auch einer Verfremdungsfunktion geschuldet, die die Frage nach Bedeutung jenseits des Gesehenen aufwirft und die ein Dahinterliegendes verheißt, das der Betrachter stets zu erkennen und zu erfassen wünscht. Die Fabel von Zeuxis und Parrhasios liefert dafür eine eindrucksvolle poetische Illustration. In dieser Geschichte treten zwei Maler in einen Wettkampf ein, wobei der erste Weintrauben so täuschend echt zu malen imstande ist, dass sich Vögel gierig darauf stürzen. Der andere, der schließlich als Sieger von beiden hervorgeht, verbirgt sein Bild scheinbar hinter einem Schleier, und erst wenn man den Schleier wegziehen möchte, merkt man, dass er gemalt ist. Hatte der erste Maler nur Tiere täuschen können, war dem zweiten dies auch bei den Menschen gelungen, weshalb ihm schließlich der Preis zuerkannt wurde.

Unbewusst sucht das Subjekt in dem, was ihm zu sehen gegeben wird, den Blick, es sublimiert seinen Schautrieb, es sucht aber auch, mit einem anderen Wort, was auf dasselbe hinausläuft, das Licht. Denn wie uns die Erfahrung mit Blinden zeigt, **ist der Raum der geometralen Optik nicht unbedingt rein visueller Raum.** Innerhalb der geometralen Optik »sieht« auch der Blinde die Gegenstände der Welt, da die Punkt-für-Punkt-Entsprechung von Abbildung und Abgebildetem auch durch andere Sinne als dem Sehsinn gewährleistet ist. Die Optik des Sichtbaren hingegen, in der auch der Blick nicht eskamotiert wird, ist jene **Optik, die von einem Lichtpunkt ihren Ausgang nimmt**, den Lacan als »point de regard«, als Blickpunkt bezeichnet. Von diesem Punkt aus, von dem ich angeblickt, angerufen werde als Subjekt, erhalte ich eine Antwort auf mein Begehren, indem das Schillern des Lichts als Schillern des Blicks mich ansieht. »Les choses me regardent«, sagt das Französische und zeigt damit auf, dass die Dinge, die mich etwas angehen, mich auch anblicken. Auch die englische Sprache hat offenbar in ihren »regard«-Bedeutungen eine ursprüngliche Verbindung von Beziehung und (Augen-)Betrachtung bewahrt, so wie sie auch mit den Begriffen von »look« und »gaze« auf die zwei Blickformen des eigenen Blickens und dem vom Anderen her kommenden Blick Rücksicht nimmt.

»Jetzt nehmen mich die Gegenstände wahr«, soll auch einmal der Maler Paul Klee in einem fortgeschrittenen Stadium seiner Kreativität gesagt haben.

Fassen wir zusammen:

Die gegenwärtig festzustellende Herrschaft des Imaginären mit ihrer Bilderflut, ihrer Videomanie und ihrer Vorliebe für das Virtuelle stellt uns mit Nachdruck vor die Frage nach der Natur des Schautriebes und seinen kulturell bedingten Schicksalen. Entsprechend den kulturpessimistischen Positionen der Psychoanalyse, wonach Kultur Triebverzicht bedeutet und wonach der Hass der Liebe vorausgeht , gelingt es uns erst durch die Zähmung des Blicks der grundsätzlich vernichtenden Funktion des Auges zu entgehen. Denn als Quelle eines Triebes – des Schautriebes – ist auch das Auge Ort (ja sogar Schauplatz par excellence) der dialektischen Wirkung von Eros und Thanatos, wobei der Todestrieb die andere Seite des Lebenstriebes und der Lebenstrieb die andere Seite des Todestriebes darstellen: Im Trachten nach unmittelbarer und möglichst unvermittelter Befriedigung, im Streben nach Erfüllung und Vollendung und damit nach Aufhebung seiner Spannung ist das Wirken des reinen Triebes von vornherein tödlich. So ist auch das Auge ein Organ voller Gefräßigkeit und Gier und sein Blick ist grundsätzlich böse. Darüber hinaus ist der Blick Produkt einer Separation und damit einer Kastration, da er sich vom Auge als dessen Objekt abgetrennt hat. Diese ihm inhärente Bedrohlichkeit ist aber auf eine Punktförmigkeit reduziert, weshalb dem Blick die Marke des Unheimlichen in besonderer Weise zugeordnet ist. Dem somit mehrfach determinierten bösen Blick« sind außerhalb seiner Verbreitung in Mythos, Religion und Aberglaube verschiedene Phänomene wie Einschüchterung, Tarnung und Maskerade zu korrelieren.

Der Gewalt ins Auge sehen bedeutet Arbeit am Mythos des Zyklopen, Anteilnahme am Schicksal des Narziss und Trauer mit Ödipus auf Kolonos, welch letzterer durch seine Selbstblendung die Gewalt des Auges geschwächt und die Kastration und damit den Mangel auf sich genommen hat. Anders ausgedrückt heißt dies: Von der Aggressivität, der das Medium des Imaginären noch stark verhaftet ist, können sich Schautrieb und Blick lösen, wenn sich durch die Anbindung an den Signifikanten beziehungsweise an die Sprache der Trieb über den Anspruch zum Begehren verwandelt, wodurch sich das sublime Objekt konfigurieren und an die Stelle des realen Dings setzen kann. Hier, in einem Diskurs der Liebe, kann dann auch der gute Blick, der Blick als leuchtender Glanz, erscheinen.

Literatur

Abraham, K. (1914): Über Einschränkungen und Umwandlungen der Schaulust bei den Psychoneurotikern nebst Bemerkungen über analoge Erscheinungen in der Völkerpsychologie. In: K. Abraham: Psychoanalytische Studien, Bd.1, Fischer, Frankfurt am Main 1969

Fenichel, O. (1935): Schautrieb und Identifizierung. In: O. Fenichel: Aufsätze. Bd.1, Walter, Olten 1979

Freud, S. (1905): Drei Abhandlungen zur Sexualtheorie. Stud V, Fischer, Frankfurt 1982

König, O.: Urmotiv Auge. Piper, München-Zürich 1975

Lacan, J. (1964): Die vier Grundbegriffe der Psychoanalyse. Das Seminar von Jacques Lacan Buch XI. Walter, Olten 1975

Lacan, J.: Freuds technische Schriften. Das Seminar von Jacques Lacan Buch I (1953-1954). Walter, Olten 1978

Laplanche, J, Pontalis, J.-B. (1972): Das Vokabular der Psychoanalyse. Suhrkamp, Frankfurt am Main

Schilder, P.F. (1935): The Image and the Appearance of the Human Body. Paul/ Trench/Trubner, London

Unbewusstes Inszenieren in der bildenden Kunst

Kunst und Hysterie. Von Charcot zu Freud und darüber hinaus

Wie bereits erwähnt wurde, haben sich die medizinischen Interessen Freuds nach seinen biologischen Grundlagenforschungen sehr bald auf Gebiete der Psychologie, der Psychopathologie und der Psychiatrie konzentriert, um sich schließlich mit Nachdruck der damals brennenden Frage der Hysterie zuzuwenden. Von diesbezüglichen Vorarbeiten der französischen Psychiatrie fasziniert trat Freud 1885 einen einjährigen Studienaufenthalt an der Salpetrière in Paris an, um sich vom Neurologen Jean-Martin Charcot in der Kunst der Hysteriebehandlung unterweisen zu lassen.

Charcots entscheidender Schritt hatte darin bestanden, verschiedene Phänomene, die bis dahin vom Mystisch-Religiösen und Philosophischen verwaltet und darin hauptsächlich als Wunder, als Besessenheit oder als Manifestationen von Lüge und Täuschung betrachtet wurden, unter dem Namen Hysterie medizinisch zu vereinnahmen. Dadurch wurden diese Erscheinungen zu Gegenständen eines klinischen Diskurses, welcher gerade im Begriffe war, Therapeutik und Ästhetik eng miteinander zu verschränken. Denn es ist ein mentalitätsgeschichtliches Kennzeichen dieser Epoche, das kreative Potential von Wissenschaft und Kunst auf gemeinsame Wurzeln zurückzuführen, was zu einer Vormachtstellung des Formalen gegenüber dem Inhaltlichen geführt hat und worin man ein Einbekenntnis der Schwäche einer geschichtsphilosophischen Position gesehen hat. (Marquard 1963)

In einer solchen Klinik verband sich die Inszenierung des Experiments mit der **Kunst der strengen und genauen Beobachtung, welche freilich ganz auf den Blick bezogen war.** Während die experimentell angewandte Hypnose vorwiegend auf die Reproduktion des hysterischen Anfalls zielte und damit die hysterischen Phänomene entmystifizierte, konzentrierte sich die Beobachtung ganz auf die Herausarbeitung der idealtypischen Symptomatik der Krankheit und forderte deren möglichst exakte Reproduktion im gezeichneten oder fotografierten Bild. Aber auch das hysterische Subjekt selbst lieferte Reproduktionen in seinem vornehmlich imitatorischen Verhalten, wobei es nicht nur andere Krankheiten, sondern auch Bilder und Szenen in Form erotischer und/oder religiöser Tableaus nachahmte. In Anbetracht dieser Neigung, sich dem Bild des medizinischen Meisters anzugleichen, wird Lacan später sagen, dass zu Zeiten Charcots die Reproduktion eines hysterischen Anfalls jederzeit für 5 Francs 50 zu haben war wie die Reproduktion eines alten Meisters. (Lacan 1964, 56)

Andererseits hätten, so Charcots Feststellung, Hysteriker immer schon Modell gestanden für Künstler, welchen die Darstellung menschlicher Leidenschaften ein besonderes Anliegen gewesen sei, was schließlich dazu führte, dass es in diesem auf klinischer Ebene praktizierten Spiel multipler Reproduktionen zu einer gegenseitigen Durchdringung von Medizin, bildender Kunst und Kunstgeschichte kam. Charcot, der eigentlich Künstler werden wollte, ging es dabei vor allem darum, aus dieser innigen Verschränkung die Medizin als Meisterdisziplin der anthropologischen Wissenschaften hervorgehen zu lassen. Der nachhaltige Effekt dieser Anstrengung bestand in kulturgeschichtlicher Hinsicht vor allem darin, **dass ab diesem Zeitpunkt eine Invasion des Pathologischen in der Kunst einsetzte.** (s. dazu Didi-Huberman 1984)

Dabei wird es aber später nicht nur um die unter dem Kennzeichen der *art brut* vollzogene Anerkennung und Aufwertung des bildnerischen Schaffens von Geisteskranken gehen, sondern auch um alle die leidenden, deformierten, zerstückelten, abnormen und geschundenen Körper, welche die Bilderwelt des 20. Jahrhunderts dicht besiedeln werden. Dem wird sich schließlich auch noch jenes »psychopathologische« Moment hinzugesellen, das durch Freuds

Eintritt in das Kulturleben der neuen Zeit bedingt ist. Dieser Einfluss hat in der Tat die Kunst nicht nur um die durch die Psychoanalyse erschlossene »Psychopathologie des Alltagslebens« bereichert und sie dazu angeregt, auch den Witz und scheinbare Un-Bedeutungen (so etwa im Dadaismus) stärker in den Vordergrund zu rücken, sondern er hat auch über das Phänomen des Traums imaginäre Welten eröffnet, die einer ganzen Strömung, dem Surrealismus, eine konzeptuelle, ideologische und inhaltliche Grundlage geboten haben. Dabei hat sich jenseits der irrealen Bilderwelt eine Rationalität mit einer Orientierung am Logos, am Gesetz und an der symbolisch-sprachlichen Verfassung des Unbewussten herausgebildet.

Denn Freuds bereits erwähnter **Paradigmenwechsel** hatte dazu geführt, ein bis dahin ungehörtes/unerhörtes Sprechen im hysterischen Gebaren aufzuspüren. Als unbewusstes Begehren, als verdrängte Wunschregung erwies sich dieses Sprechen als sinnstiftend für die scheinbar so unverständlichen oder sinnlosen Phänomene nicht nur der Hysterie, sondern aller Neurosen überhaupt.

Gleichzeitig mit Freuds rigorosem analytischen Vorgehen hat auch die bildende Kunst begonnen, ihre Abbildungsfunktion radikal in Frage zu stellen und in einer Bewegung der Selbstbesinnung danach zu trachten, durch ihre Illusionen und Erscheinungen hindurch zu ihrem eigenen Wesen, zu ihren eigenen Strukturen, zu ihrem eigenen Wahrnehmungsraum und zu ihren eigenen Bedeutungsgesetzen vorzudringen.

Allerdings hat Freud selbst durch seine Bevorzugung des Intellekts zeit seines Lebens eine sehr eigenwillige und letztlich auch eingeschränkte Haltung gegenüber der bildenden Kunst eingenommen und dem künstlerischen Wirken seiner Epoche nur wenig abgewinnen können. Seine Beziehung zu kulturellen Leistungen war durch eine Wertordnung bestimmt, welche der Dichtung die wichtigste Stelle zuwies, danach kam die plastische Kunst und die Architektur, dann die Malerei und schließlich, wenn überhaupt, die Musik. (Jones 1962, 474)

Trotz der Bevorzugung des Intellekts gegenüber dem Sinnlichen konnte Freud es nicht verhindern, dass sich im Voranschreiten seiner Selbstanalyse auch die Macht des Imaginären stärker in sein Bewusstsein drängte.

Dies veranlasste ihn zu einer immer intensiveren Auseinandersetzung mit den Traumphänomenen, was schließlich zur Abfassung seines epochalen Werks der »Traumdeutung« führte. Die damit vollzogene Enthüllung des Geheimnisses des Traums bestand darin, hinter der Bilderwelt des manifesten Traums einen latenten Traumgedanken zu entdecken, der einem Wunsch entsprach, in welchem sich eine verdrängte aktuelle mit einer ebenso verdrängten infantilen Regung verknüpfte.

Schließlich führte Freuds gehemmte Sinnlichkeit infolge einer Wiederkehr des Verdrängten zu einigen Neigungen und Leidenschaften in seinem Privatleben, wobei vor allem die Sammelleidenschaft von Kunstgegenständen immer bedeutsamer wurde.

Freuds Kunstsammlung, beinahe museal, war – wie die vieler seiner zeitgenössischen ärztlichen Kollegen – konservativ, weil sie auf Konservierung aus war. Der Tod und seine Überwindung bestimmten als zentrale Thematik die Auswahl der Bilder, der Statuen und der archäologischen Bruchstücke. Im Phantasma von der Aufhebung des Todes, aus dem der Medizinerberuf einen wesentlichen Teil seiner Neigung ableitet, vereinigt sich ein Wunsch nach Unsterblichkeit mit einem Begehren des Todes, beides dialektisch verbundener Niederschlag einer nie ganz gelungenen Kastration und eines immer nur unvollständig gelösten Ödipuskomplexes. (s. dazu Spector 1973, Ruhs 1989)

Möglicherweise ausgehend von Philippsons bebilderter israelitischer Bibel, die er im siebenten Lebensjahr von seinem Vater geschenkt erhielt und die nicht nur die Geschichte seiner Ahnen illustrierte, sondern auch über zahlreiche Darstellungen des ägyptischen Totenkultes verfügte, setzte sich in Freud ein Hang zur Bewahrung des Vergangenen und zur Aufhebung des Absterbenden fest, der über die Sorge des Mediziners um den ihm anvertrauten Kranken und Sterbenden weit hinausreicht und in eine Sammelleidenschaft einmündete, die hinsichtlich der Liebe zu den gesammelten Objekten seinem Ärztlichen ein anagrammatisches Gegenstück des Zärtlichen gegenüberstellt.

Und Freud bekennt in einem Brief an Stefan Zweig vom 7. Februar 1931, »dass ich bei aller gerühmten Anspruchslosigkeit viele Opfer für meine Sammlung griechischer, römischer und ägyptischer Antiquitäten gebracht und eigentlich mehr Archäologie als Psychologie gelesen habe, dass ich bis zum Krieg und nachher wenigstens einmal im Jahr für Tage oder Wochen in Rom sein musste ...« (zit. nach Spector 1972, 21)

So manifestiert sich der Tod und seine Überwindung in den Kunstgegenständen, mit welchen Freud sich in seinem Arbeits- und Wohnbereich umgibt, in zweifacher Form: zum einen verweisen Inhalt bzw. Funktion der Bilder und Objekte meist direkt und ohne symbolisierende oder abstrahierende Umschweife auf den Sachverhalt. Ob es sich um Rembrandts »Anatomie«, Bilder aus Kaulbachs Totentanzfolge, einen »Albtraum« nach Füssli, um Darstellungen biblischer Wunderheilungen und Totenerweckungen wie Masaccios »Die Heilung des Äneas« und »Die Auferstehung der Tabitha« handelt oder aber um die Sarkophagteilstücke und die zahlreichen Grabfiguren, da erscheint immer wieder die Wucht des Todes herabgemildert durch die Erotik des Schlafes und des Traumes, da wird immer wieder seine Absolutheit relativiert durch Möglichkeit und Verheißung von Sterben im Leben und Leben im Tod, ganz shakespearehaft: To die, to sleep, no more. Da insistiert das Aufschieben des Endes, die Strategie der Mumifizierung und die Angstlust in den Gedankenspielen von den Übergängen, wenn für Freud die Krone des Unheimlichen darin besteht, scheintot begraben zu sein. Andererseits ist Freuds bis zur Obsession reichende Neigung zur Verlebendigung des Toten Anlass dafür, sich nur jenen Kunstgegenständen und kulturellen Bereichen zuzuwenden, die in der Tat der Vergangenheit angehören, so dass sich, wie Anna Freud einmal bemerkte, in seiner Sammlung eigentlich nichts befand, was nach der Renaissance entstanden war.

Nur weil die Renaissance das klassische Ideal von Monumentalität, Stille, Ernst und Geheimnis weiterführt, nur weil sie die Kontinuität des Altertums gewährleistet und damit Ewigkeitsanspruch erheben darf, vermag sie einen Freud zu begeistern, der jeder ihr nachfolgenden Kunstrichtung Skepsis, Nichtbeachtung oder Missfallen entgegenbringt und der Kunst seiner Zeit genauso ablehnend gegenübersteht wie den zeitgenössischen technischen Neuerungen, etwa dem Telefon, dem Radio oder der Schreibmaschine. Denn das Zeitgenössische lebt und kann noch nicht den Beweis antreten, unsterblich zu sein. So werden Michelangelo und Leonardo tote Väter, die durch Ruhm Unsterblichkeit erlangt haben und mit denen es sich zu identifizieren gilt, um selbst ewiges Leben zu erreichen.

Es hat sich vieles schreiben lassen über Freuds innige Verbundenheit mit den steinernen Statuen seiner Sammlung, und die Art und Weise, sie zu verlebendigen und sie als lebende Mitmenschen zu betrachten, reicht weit ins Anekdotische hinein.

»Da hatte er«, so die Haushälterin der Familie Freud, Paula Fichtl, »die Figur eines sitzenden Chinesen in der Nähe seines Schreibtisches. Dieses Stück war bevorzugt in der Reihe seiner Lieblinge und wurde von ihm oft mitten auf den Schreibtisch gesetzt, wo er ihm ›Guten Morgen‹ sagte, ehe er an die Arbeit ging.« (zit. nach Spector 1972, 26)

Hatte Freud ein neues, ihm kostbares Stück erworben, so wurde es, wie Jones (1982, 461) berichtet, nicht ohne weiteres seiner Sammlung einverleibt. Eine soeben erworbene Statuette setzte er auf den Mittagstisch vor seinen Teller, und während der ganzen Mahlzeit betrachtete er sie schweigend und beinahe meditierend, ohne an jedweder Tischkonversation teilzunehmen.

Auf Grund dieser Vorlieben und Einstellungen ist es nicht verwunderlich, dass sich Freuds erste größere theoretische Auseinandersetzung mit Kunst mit einem Werk der Antike beschäftigt. Vom Rätsel der **Wirkung eines Kunstwerks auf seinen Betrachter** ausgehend bedient er sich dabei einer literaturhistorisch nicht besonders bedeutsamen Geschichte eines norddeutschen Dichters. 1907 publiziert Freud diese Abhandlung unter dem Titel »Der Wahn und die Träume in W. Jensens ›Gradiva‹«. (Freud 1907)

Mit der speziellen Frage, wie sich durch eine Biographie mit besonderem Augenmerk auf frühkindliche Erlebnisse eine psychologische Entwicklung zu späterem künstlerischen Schaffen beschreiben lässt und wie die aus dem Unbewussten wirkenden **Kindheitserinnerungen eines Künstlers** in Form und Inhalt der Werke ihren Niederschlag finden, beschäftigt sich hingegen Freud in der 1910 erschienenen Arbeit »Eine Kindheitserinnerung des Leonardo da Vinci«. (Freud 1910) Der Wert von Freuds Leonardo-Studie, die er selbst als halbe Dichtung bezeichnete, ist sowohl in der psychoanalytischen als auch in der kunsthistorischen Fachwelt angezweifelt worden. Unabhängig davon, ob einzelne geschichtliche Details, von welchen Freud ausgegangen ist, objektiv haltbar sind oder nicht, ist für viele ein Ansatz, der die Bedeutung eines künstlerischen oder dichterischen Werks allein aus der Lebensgeschichte seines Schöpfers erschließen möchte, naiv-reduktionistisch und daher grundsätzlich problematisch. Ein solches Unterfangen, welches das Ansehen der Psychoanalyse keineswegs fördert, läuft letztlich immer auf eine Pathographie des Künstlers und auf seine zumeist unfreiwillige öffentliche Analyse hinaus. Die Gefährlichkeit des Betretens biographischen Terrains hatte allerdings Freud durchaus eingesehen, was auch 1936 in einem Brief an Arnold Zweig seinen expliziten Ausdruck fand:

»Wer Biograph wird, verpflichtet sich zur Lüge, zur Verheimlichung, Heuchelei, Schönfärberei und selbst zur Verhehlung seines Unverständnisses, denn die biographische Wahrheit ist nicht zu haben.« (Freud 1968, 137)

Im Sinne einer solchen Einschränkung hatte sich Freud schon lange vorher um die **Analyse eines Kunstwerks jenseits seines Autors und seiner Rezipienten** bemüht, um so zu einer der Psychoanalyse angemessenen Ästhetik zu gelangen, welche sowohl latente Strukturen und Ausdrucksgesetze des Werks selbst untersucht als auch Aufschlüsse über allgemeine Gesetzmäßigkeiten und Beschaffenheiten des Seelischen jenseits ihrer individuellen und konkreten Realisierungsmöglichkeiten zu liefern imstande ist. So hat ihn etwa die Moses-Statue des Michelangelo dazu angeregt, in einem Bildnis eine Eigenständigkeit zu erkennen, die die Logik von Form und Inhalt freilegt und in der sich eine Erscheinung als ein artikuliertes Sprechen, als eine besondere *façon de parler* offenbart. (Freud 1914)

Vor allem durch ein solches werkbezogenes Vorgehen, das sein Projekt einer »psychoanalytischen Ästhetik« nach der »Traumdeutung« und nach seiner Untersuchung über den Witz abschließen sollte, hatte Freud die Grundlage für eine auf Sachen und Gegenstände zielende »angewandte Psychoanalyse« außerhalb des therapeutischen Feldes geschaffen, auf welcher die späteren Analytikergenerationen mit der Weiterentwicklung der klinischen Theorien auch die Erkenntnisleistungen in den auf Kunst angewandten Analysen weiter vorantreiben konnten. Besonders durch Analytiker wie Otto Rank, Ella Sharpe oder Ernst Kris angeregt hatten sich schließlich mehrere den verschiedenen Schulrichtungen entsprechende psychoanalytisch orientierte Kunsttheorien entwickelt, auf welchen auch gegenwärtige Konzepte etwa aus der Schule Melanie Kleins oder aus der strukturalen Psychoanalyse Jacques Lacans aufbauen konnten. Andererseits und wie schon gesagt, blieb diese theoretischen Neuorientierung auch nicht ohne Rückwirkungen auf das künstlerische Schaffen des 20. Jahrhunderts, das in mehr als einer Kunstrichtung vom psychologischen und psychoanalytischen Zeitgeist beeinflusst wurde.

Diesem anderen Verständnis erweist sich ein Kunstwerk nicht so sehr als eine materialisierte Idee, sondern vielmehr als ein in Form verwandeltes Begehren mit all seinen Verhüllungen, Kompromissbildungen und Deformationen. Dabei geht es immer auch um das Begehren, zu dem hinter den Erscheinungen liegenden unvermittelten Realen jenseits der Illusionen und Konstruktionen der Realität vorzudringen, zu einem Unsagbaren und letztlich auch Undarstellbaren. Während der Traum ein Bestreben darstellt, von diesem Realen ausgehend den latenten Traumgedanken in das imaginäre Szenarium des manifesten Trauminhalts zu verwandeln, bemüht sich eine rückwärtsgerichtete und dekonstruktivistische »künstlerische Traumarbeit« ganz wie die analytische Deutungsarbeit mit der letztlich immer scheiternden Suche nach dem jenseits von Bild und Sprache liegenden Freudschen »Ding«. **In diesem Sinn hat auch später der Psychoanalytiker Lacan die in der Kunst wirkende Sublimierung definiert: als die Erhöhung des Objekts zur Würde des Dings.**

Kunst, Kultur, Gesellschaft

Aus der Perspektive einer psychoanalytischen Triebtheorie stellen die kulturellen Leistungen der Kunst in ihren verschiedenen Sparten privilegierte Orte der Organisation von Unbewusstem dar. Denn das Postulat Freuds, dass Kultur Triebverzicht sei, bedeutet nicht, dass im menschlichen Vergesellschaftungsprozess, welcher durch jene Gesamtheit von Normen, Werten und Ideen reguliert wird, die wir als Kultur bezeichnen, der Trieb als Triebfeder von Verhalten außer Kraft gesetzt wird. Vielmehr geht es darum, dass sich am reinen Trieb, der als solcher an kein Bewusstsein gebunden ist und somit etwas grundsätzlich Unbewusstes darstellt, eine Veränderung vollzieht. Dieses Unbewusste aber, das den Kategorien des Realen, des Dinghaften, des Biologischen zuzuordnen ist, ist als solches nur bedingt und über Vermittlungsinstanzen erfahrbar, so dass es auch mit dem psychoanalytischen Unbewussten im engeren Sinne, das aufgrund seines Bedeutungsgehaltes und seiner Interpretierbarkeit wie eine Sprache gebaut ist, nicht identisch ist. Nur als repräsentiertes Phänomen wird auch der Trieb zu einem psychischen Faktum, an dem nun alle sekundären seelischen Bearbeitungen ansetzen können, welche Freud als Triebschicksale bezeichnet hat. Wie schon darauf hingewiesen wurde, ist Kennzeichen des reinen Triebes sein Streben nach unverzüglicher und unmittelbarer Befriedigung. Indem er sich selbst stets auszulöschen trachtet, ist er immer auch Todestrieb, was die Annahme eines Triebdualismus relativiert. Arbeit am Trieb bedeutet demnach immer Aufschub, Begrenzung, Kanalisierung. Somit ist auch jedes System, das ihn psychisch repräsentiert, als aufschiebender und begrenzender Faktor wirksam, was in seiner Effizienz mit jener Triebzähmung zu vergleichen ist, über die das Tier aufgrund seiner angeborenen Instinkte verfügt. Die das menschliche Triebleben steuernden Repräsentationssysteme als Entsprechungen so genannter Prägungen anderer Lebewesen gehören zwei stets zu unterscheidenden Kategorien an, welche sich durch Abbildung bzw. Kodierung bestimmen. Als Bilder einerseits (im Sinne von alle Sinneswahrnehmungen betreffende Imagines) und als sprachliche Symbole andererseits erfassen sie aber nicht nur den größten Teil des seelischen Innenraums, sondern sie strukturieren auch weitgehend das dem Menschen zugängliche Universum, ja noch mehr: Sie konstituieren das menschliche Subjekt selbst, das nur als ein den Bildern und Zeichen Unterworfenes (als sub-jectum eben) zu sich selbst kommen kann. Auf einer solchen Interpretation und Konzeption einer »Welt als Wille und Vorstellung« baut sich letztlich Freuds ganzes Lehrgebäude auf.

Diese von außen das Subjekt bildenden und an das Subjekt herantretenden Medien und Repräsentationsformen bilden in ihrer Gesamtheit jene verhaltens- und einstellungsnormierenden Kategorien, welche wir als Kultur im weitesten Sinn bezeichnen können. Die dieser zugrunde liegenden Kulturimagines und Diskurse sind insofern die Grundlage von Gemeinschaften und Gesellschaften, als sie das soziale Band darstellen, das in einem bestimmten Raum und in einer bestimmten Epoche Menschen in verbindlichen Austausch zueinander treten lässt.

Innerhalb der Kulturbildungen kommt noch der Kunst eine bedeutsame Rolle zu, weil in ihr gemeinschaftliche und gesellschaftliche Werthaltungen im Hinblick auf ein Ideal geschaffen und gepflegt werden, indem das, wozu sich der Mensch getrieben sieht, in sublimster Weise sich auszudrücken versucht. Eine solche Erhöhung menschlicher Triebbefriedigung ist insofern eine zweifache, als sie nicht nur mit einer Modifizierung des Triebes selbst, sondern auch mit einer Arbeit am Objekt einhergeht. Diese beiden Konstituenten künstlerischen Schaffens wurden von Freud als **Sublimierung** (der Objektlibido) und als **Idealisierung** (des Objekts) bezeichnet (s. Freud 1914, 61). Dabei ist noch zu berücksichtigen, dass grundsätzlich alle Partialtriebe des Menschen einem Sublimierungsprozess unterzogen und dass alle möglichen Objekte durch Idealisierung veredelt werden können, so dass schon daraus der Charakter der Unabschließbarkeit und der Unmöglichkeit einer objektiven Definition von Kunst resultiert.

In der schöpferischen Arbeit am (ästhetischen) Ideal, in der das Sinnliche nach allen seinen möglichen Formen sucht, ist das Künstlersubjekt stets um Originalität bemüht, wodurch es sich, zumindest vorübergehend, aus der Verbindlichkeit der gesellschaftlichen Kommunikation löst, um außerhalb des Konventionellen sowohl seinen eigenen Anspruch als auch seinen gesellschaftlichen Auftrag zu erfüllen. In dieser nicht widerspruchsfreien Doppelfunktion spiegelt sich sowohl der Antagonismus von Individuum und Kollektiv als auch die Dialektik seiner Aufhebung, indem die Gesellschaft durch permanente Bildung von Geschichte stets an der Auflösung ihres jeweiligen Zustandes und ihrer jeweils geltenden Normierungssysteme arbeitet und indem der Künstler stets danach strebt, sein individuelles Voranschreiten zu vergesellschaften. Motor dieser Bewegung ist das den menschlichen Subjekten innewohnende Begehren, in welchem sich die Anheftung des Triebes an die symbolische Ordnung der Sprache vollzieht. Dadurch entfernt sich der Trieb nicht nur von seiner unmittelbaren Befriedigung aufs Weiteste, sondern er kann auch aufgrund der Unabschließbarkeit der signifikanten Ordnung an keinem Objekt mehr wirklichen Halt finden. Dieses Begehren, das den Freudschen Wunsch mit einem anderen Begriff kennzeichnet, ist daher immer das Begehren eines anderen, das uns als Verlautbarung vom Anderen her erreicht. Das sich vom somatischen (Trieb-) *Bedürfnis* und von dem an den Anderen als Instanz der Macht der Befriedigung gerichteten *Anspruch* unterscheidende andere *Begehren* weist sowohl darauf hin, dass der spezifisch menschliche Wunsch von außen kommt (um überhaupt überleben zu können muss man von einem Anderen gewünscht werden, so dass sich darauf als erster eigener Wunsch der Wunsch, gewünscht zu werden, konstituiert), als auch darauf, dass aufgrund der unmöglichen vollen Befriedigung am ersten Objekt jedes weitere Objekt nur eine vorübergehende Ersatzbildung sein kann.

Sofern sich der Künstler in seinem Schaffen eines sozialen Auftrags bewusst ist und über ein nur privates Genießen im Dinghaften jenseits des Objekts hinausgeht, sofern er also ein allgemeines Begehren ausbeutet, sofern er weiterhin als Sender dem Empfänger seine eigene Botschaft in umgekehrter Form wieder zurückgibt, ist er in seinem Prozess der Rückerstattung an die Gesellschaft an Organisationsstrukturen innerhalb jener Kollektive gebunden, die sich als seine Pächtergemeinschaft zusammenfassen lassen. Diese aus Auftraggebern, Förderern, Verwahrern, Sammlern und Konsumenten von Kunst sich zusammensetzende Personalunion ist aber gegenüber der Freiheit und der Gewährung der freien Verfügbarkeit über die Zeichen, welche Grundbedingungen für die Kreativität des Künstlers darstellen, durchaus nicht eindeutig eingestellt. Die Ambivalenz, die dazu führt, dass Freiheit stets sowohl garantiert als auch eingeschränkt wird, ergibt sich daraus, dass an das

Künstlersubjekt einerseits die Arbeit am Begehren (des anderen als anderes des jeweils Kursierenden und Gewohnten) delegiert wird, dass aber andererseits dieses Begehren zum Teil unbewussten und damit auch verdrängten Strebungen angehört und somit zwangsläufig Widerstände gegen deren Ausdruck mobilisiert. Daher ist die Organisation von Kunst im Rahmen eines gesellschaftlichen Prozesses grundlegend konflikthaft und das arbeitsteilige Bündnis zwischen den auftraggebenden und ausführenden Partnern von vornherein eine Mesalliance. In dieser Beziehung erscheint das künstlerische Werk als Symptom und offenbart sich als Kompromiss zwischen dem Mut zur Überschreitung von Grenzen und Tabus und der Tendenz zur Beibehaltung derselben. Unbewusst bleibt dabei vor allem die Tatsache der beiderseitigen, wenn auch ungleichgewichtigen Teilhabe an diesem Projekt, in dem immer schon eine Projektion unbewusster kollektiver Strebungen auf ein dafür prädestiniertes Subjekt stattgefunden hat. Dem entspricht nicht zuletzt die Idee eines Zeitgeistes als jenem zumindest vorbewussten gesellschaftlichen Nährboden, auf welchem der Künstler (genauso wie der ihm verwandte Wissenschafter) seine Schaffenskraft entfalten kann, also jene Vorbedingung kreativer Leistungen, welche die Idee einer *creatio ex nihilo* in den Bereich der Mythen verweist. Es ist wohl als hinlänglich erwiesen anzusehen, dass einem Kunstwerk nur dann Prestige in Form allgemeiner ideeller und materieller Wertschätzung zuteil wird, wenn es als Resonanzkörper einer allgemeinen, aber vorbewussten kulturellen Strömung funktioniert. In diesem Sinn ist auch die so genannte Avantgarde ihrer Zeit nur in bedingtem Ausmaß voraus und immer schon in gewisser Weise etabliert. Darüber hinaus ist sie in ihrem Schaffen nicht unabhängig von ihr vorausgehenden Schöpfungen, welch letztere allerdings zu deren Zeit ebenso auf eine kollektive Anerkennung verzichten musste. Zahllos sind in der Kunstgeschichte Beispiele von Künstlern, die als Außenseiter, Sonderlinge und Verrückte in ihren Werken formale Elemente, Sujets, Techniken und

Kompositionsstrukturen verwendeten, welche dann einige Generationen später in den Werken von reüssierenden Avantgardekünstlern ihren anerkannten Ausdruck fanden. Damit relativiert sich der Kreations- und Rezeptionsprozess einer künstlerischen Innovation, welche offenbar mehrere Epochen mit eventuellen Generationsübersprüngen beansprucht.

Sind die Verdrängungstendenzen einer Gesellschaft im Hinblick auf einen bestimmten Sachverhalt, auf bestimmte Ereignisse, auf bestimmte Erinnerungen, auf bestimmte Wünsche besonders stark, so bilden sich Tabubereiche, in welche einerseits die Kunst mit ihrem Grenzüberschreitungsbestreben besonders gerne einbricht, welche aber andererseits besonders vehement gegen künstlerische Bewusstseinsbildung verteidigt werden. Die Organisation entsprechender Projekte vor allem bezüglich ihrer Veröffentlichung und Rezeption gelingt dann oft nur, wenn der Künstler zu Kompromissen bereit ist und in der Gestaltung seiner Arbeit die Mittel der Entfremdung, der Distanzierung und der Sublimierung in erhöhtem Maße einsetzt. Dabei fordern oft drastische Ausdrucksformen und Übertreibungen aufgrund ihrer Künstlichkeit den Skandal weniger heraus als ein den Alltagsdiskurs und das Alltagsleben nur leicht paraphrasierendes literarisches oder künstlerisches Schaffen. Zu einer diesbezüglichen Meisterschaft der undeutlichen Grenzziehung zwischen Realität und Fiktion im dichterischen und theatralischen Bereich hatte es – man erinnere sich – vor allem Thomas Bernhard gebracht, dessen Skandalisierung nicht nur Allergien eines Bevölkerungsanteils als Ausdruck der Nichtbewältigung einer tragischen Vergangenheit freilegte, sondern auch einen anderen Skandal offen legte, der in der Einfalt jener empörten öffentlichen Personen bestand, die einen literarischen Diskurs nicht von einer politischen Aussage unterscheiden können. Vielleicht hätten sie diesbezüglich von einer Lektüre Ovids profitieren können, wo es in der Pygmalion-Geschichte so treffend heißt: »Dass es Kunst war verdeckte die Kunst.«

Literatur

Didi-Huberman, G. (1984): Charcot, l'histoire et l'art. Imitation de la croix et démon de l'imitation. Nachwort zu : J.M.Charcot und Paul Richer : Le démoniaques dans l'art, suivi de » La foi qui guérit » de J.M. Charcot. Macula, Paris, 125 -188

Freud, S.(1907): Der Wahn und die Träume in W.Jensens ›Gradiva‹. G.W. VII, 29-125

Freud,S. (1910): Eine Kindheitserinnerung des Leonardo da Vinci. G.W. VIII, 168-211

Freud, S.(1914): Der Moses des Michelangelo. G.W. X, 171-201

Freud, S. (1914): Zur Einführung des Narzißmus. G.W. X, 138-170

Freud, S. (1968): Sigmund Freud-Arnold Zweig Briefwechsel. Fischer, Frankfurt am Main

Jones, E. (1962): Das Leben und Werk von Sigmund Freud. Bd. III. Huber, Bern-Stuttgart-Wien

Lacan, J. (1964): Die vier Grundbegriffe der Psychoanalyse. Das Seminar von Jacques Lacan, Buch XI, Walter, Olten 1978

Marquard, O. (1963): Über einige Beziehungen zwischen Ästhetik und Therapeutik in der Philosophie des 19. Jahrhunderts. In: Literatur und Gesellschaft. Festschrift für Benno von Wiese. H.J. Schrimpf, Bonn, 22-55

Ruhs, A. (1989): ... und schaue ihr in den Hals. In: Wunderblock. Eine Geschichte der modernen Seele (J. Clair et al., Hg.). Wiener Festwochen (Katalog), Wien, 709-715, Wien

Spector, J. (1972): Freud und die Ästhetik. Psychoanalyse, Literatur und Kunst. Kindler, München

Sublime Gier – Bemerkungen zu den unbewussten Motiven des Sammelns und zur Funktion des Museums

Ohne Zweifel nimmt innerhalb unseres aktuellen Kulturlebens die Beschäftigung mit bildender Kunst eine zentrale Stellung ein, welche auch einer gegenwärtigen Vorherrschaft von imaginären gegenüber symbolisch-sprachlichen Medien und Kommunikationsformen entspricht. Dabei kommt dem Ausstellungs-, Museums- und Galerienbetrieb in seiner gesellschaftlichen Relevanz und in seiner Auswirkung auf den Alltag bisweilen ein Status zu, der in mehrfacher Hinsicht Züge einer profanen Religion angenommen hat.

Im Zuge der allgemeinen Wertsteigerung von Kunst ist auch der entsprechende Markt enorm angewachsen, wobei Bilder und Kunstgegenstände Prestigeobjekte und Kapitalanlagen ersten Ranges darstellen, wie Sensationsmeldungen über sich ständig überbietende Höchstpreise in den großen Versteigerungshäusern zur Genüge beweisen. Bedingt durch allgemeine Privatisierungs- und Entstaatlichungstendenzen in unseren Gesellschaften wechselt auch die Kultur- und Kunstpflege in zunehmendem Maße von der öffentlichen zur privaten Hand hinüber, so dass den individuellen Sammlern und Mäzenen (heutzutage als Sponsoren bezeichnet) wieder erhöhte Bedeutung zukommt. Daraus erwachsen neue Museumsstrukturen, wobei sich neben Sammlermuseen Verbindungen von öffentlichen Infrastrukturen und privaten Inhaltgebern (nicht unbedingt zum Schaden letzterer) zunehmender Beliebtheit erfreuen.

Selbstverständlich lässt sich das **Sammeln, Konservieren, Ordnen und Ausstellen von Kulturgütern** jeglicher Art nicht allein in ökonomischen, historischen oder soziologischen Diskursen einfangen, sondern impliziert auch immer psychologische Aspekte, welche durch die beschriebenen Privatisierungstendenzen im Kunstbetrieb wieder deutlicher in Erscheinung treten.

Antworten auf die Frage nach den bewussten und unbewussten Hintergründen der Sammelleidenschaft werden nicht zuletzt durch den Umstand bereichert, dass auch der Begründer der Psychoanalyse selbst von dieser Passion ergriffen war. Als Hobbyarchäologe und umgeben von seinen »alten und dreckigen Göttern«, wie er selbst seine umfangreiche Sammlung kennzeichnete, konnte Freud nicht nur einiges über die verborgenen Motive seiner diesbezüglichen Neigung darlegen, sondern auch aufzeigen, dass der Mensch selbst auf Grund der Konservierung seiner Erfahrungsschätze als die privateste Form aller Bibliotheken, Archive, Museen und Sammlungen betrachtet werden kann.

Darauf weist auch Lacan hin, wenn er von den **Aufbewahrungsorten des Verdrängten** gegenüber dem Leerraum des Unbewussten spricht. Denn das Unbewusste ist »das Kapitel in meiner Geschichte, das weiß geblieben ist oder besetzt gehalten wird von einer Lüge. Es ist das zensierte Kapitel. Doch seine Wahrheit kann wieder gefunden werden. Zumeist steht sie schon anderswo geschrieben

- etwa auf Denkmälern: das ist mein Leib, d.h. der hysterische Kern der Neurose, in dem das hysterische Symptom eine sprachliche Struktur aufweist und sich wie eine Inschrift entziffern lässt, die, nachdem sie einmal aufgezeichnet worden ist, ohne großen Verlust zerstört werden kann; – in Archivdokumenten: das sind Erinnerungen an meine Kindheit, schwer zugänglich wie solche Dokumente, so lange ich ihre Herkunft nicht kenne;
- in der semantischen Entwicklung: sie entspricht dem Vorrat und der Verwendung des Vokabulars, das mir eigen ist, sowie meinem Lebensstil und meinem Charakter; – ebenso in der Tradition, ja sogar in den Legenden, die in heroisierter Form meine Geschichte lenken; endlich in den Spuren, dessen Sinn meine

> Exegese wiederherstellt und die unausweichlich von den Entstellungen hinterlassen werden, die notwendig sind, um das gefälschte Kapitel in Übereinstimmung zu bringen mit den anderen, die es umgeben.« (Lacan 1975, 98 f.)

Zur Triebfrage der Sammelleidenschaft

Auf Freuds passionierte Sammeltätigkeit wurde bereits im vorangegangenen Kapitel näher eingegangen. Benachbart zu seiner Statuettensammlung lag seine Passion, Pilze zu sammeln. Der Kuriosität halber sei dazu noch Folgendes bemerkt: Sein ältester Sohn Martin (M. Freud 1975, 69) erinnert sich, dass der Angriff auf die Pilze nie ohne besondere Umstände geschah. »Vater war dabei immer auf Anerkennung aus.« (ebd.) Wenn er seine kleine Truppe in den Wald führte, wurde ihr völliges Stillschweigen auferlegt, so als ob es darum ginge, die Pilze nicht zu verscheuchen. Das Suchen gestaltete er beinahe militärisch strategisch, und wenn Freud eines seiner am meisten geschätzten Exemplare, natürlich den Steinpilz, gefunden hatte, so pflegte er ihn mit seinem Hut zu bedecken, woraufhin die Mitglieder der kleinen Infanterie zu seinem Platz eilen mussten, um das Fundstück zu bewundern. Freuds Sammelleidenschaft, ob sie sich nun in Kunstgegenständen, in Pilzen oder in der Kollektion jüdischer Witze und Anekdoten niederschlug, ist nicht nur von ihm selbst Gegenstand von Reflexionen geblieben, sondern hat auch viele seiner Biographen zu Überlegungen und Spekulationen veranlasst. Sie auf eine Sublimierung zurückzuführen, durch welche er don-juaneske Strebungen als Erbe und als Schuld eines angeblich liederlichen Vaters zu überwinden trachtete (s. dazu Balmary 1979) ist für die unbewussten Motive seiner »Sucht«, die nach eigenen Worten an Stärke nur von seiner Nikotinsucht übertroffen worden sei (Schur, zit. nach Engelmann 1977, 10), sicher nicht ausreichend wenn nicht sogar unglaubwürdig.

Was aber sind weitere oder andere geheimnisvolle Wurzeln jener Erregung, die viele Menschen dazu veranlasst »Jäger in den Jagdgründen des Inventars« zu werden, wie es Walter Benjamin (1966, 322) formuliert hat? Welche besondere individuelle Entwicklungsgeschichte, könnte zu dem noch führen, was man eine Sammlerpersönlichkeit nennt? Eine Persönlichkeit wie die des Hofrates Baumgartner in Viktor Fleischers Novelle »Der Sammler«, welche A. Winterstein (1921) zu seinem Beitrag zur Psychoanalyse der bis in die Paranoia hineinreichenden Sammelleidenschaft angeregt hat?

Balzac beschreibt in »Vetter Pons« die leidenschaftliche Sammelwut eines Musikers, der mit seiner bescheidenen Rente kostbare Gemälde, Miniaturen und Gläser erwirbt. Eine solche Figur ist nicht selten, es sind Menschen, so Balzac, »die sehr dürftig gekleidet sind ... Sie sehen aus, als wenn sie auf nichts hielten und sich um nichts kümmerten; sie achten weder auf die Frauen noch auf die Auslagen. Sie gehen wie im Traum vor sich hin, ihre Taschen sind leer, ihr Blick ist gedankenlos, und man fragt sich, zu welcher Sorte von Parisern sie eigentlich gehören. – Diese Leute sind Millionäre. Sammler sind es; die leidenschaftlichsten Menschen, die es auf der Welt gibt.« (zit. nach Döpp 1980, 382)

Diese Leidenschaft, die nicht oder nicht mehr den Menschen, sondern den Dingen gilt, scheint in einer besonderen Ebene der Lusterfahrung begründet zu sein und wird bisweilen mit einer Abkehr oder mit einem Rückzug erotischer Besetzungen verbunden. So bemerkt Lichtwark, der 1952 die psychologische Frage des Sammelns aufgegriffen hat: »Das Glück des Sammlers wächst mit den Jahren, wo Seele und Körper für andere Freuden stumpfer werden. Wer sich ein inhaltsreiches Alter schaffen will, beginne früh oder zur rechten Zeit zu sammeln. In Hinblick auf die möglichen Freuden des Alters ist ein rechtzeitiger Beginn der Sammeltätigkeit die weitsichtigste Lebenspolitik.« (ebd. 383)

In der traditionellen psychoanalytischen Theoriebildung hat man die »Lust am Sammeln« in eine Entstehungsgeschichte eingeschrieben, welche die Leidenschaft des Sammlers mit der frühkindlichen Lustgewinnung aus und an einer bestimmten Körperzone verbindet. Somit ist unter dieser Perspektive das heimliche Genießen im Sammeln und das verborgene Begehren des Sammlers an zeit- und bewusstseinsferne Reminiszenzen einer Triebdynamik auf dem Felde der **Analerotik** gebunden. Triebschicksal und Sublimierung einer Lust, die an der Leitfunktion der Defäkation und am Paradeobjekt des Exkrements orientiert das Subjekt erstmals und nachhaltig in die Erlebniskategorien des Besitzens und des Habens, des Gebens und des Zurückhaltens, der Unterwerfung und der Verweigerung einführen. Indem das Subjekt hier einen Teil seines Körpers verliert, der im analen Modus die Kastrationserfahrung antizipiert, konfiguriert sich ein Objekt, in dem zugleich das Wertvollste und das Wertloseste eine innige Verbindung eingehen. In Anbetracht dieser Ambiguität, indem ein sehnsüchtig erwartetes Ding, ein erstes materialisiertes Geschenk kurzerhand dem Abfall überantwortet und der Nutzlosigkeit preisgegeben wird, hat Freud die bekannte Gleichung Geld = Kot aufstellen können. Aus der solchermaßen begründeten erotischen Bedeutung des Geldes als Tauschwert ohne Gebrauchswert und der daraus abzuleitenden Tendenz zum Sammeln analoger Objekte entsteht der anale Komplex, aus dem in gleicher Weise sowohl einige der positivsten als auch der negativsten Eigenschaften des Menschen hervorgehen können.

Wenn Ferenczi (1984, 111) die Fäkalien als die ersten Ersparnisse des werdenden Menschen betrachtet, die als solche »in steter unbewusster Wechselbeziehung zu jeder körperlichen Tätigkeit oder geistigen Strebung, die etwas mit Sammeln, Zusammenscharren und Sparen zu tun hat«, bleiben, so ist damit auf einen Prozess hingewiesen, der nicht nur die Ausdehnung des symbolischen Interesses am Geld auf allerlei Dinge, die irgendwie Wert oder Besitz bedeuten, im Auge hat, sondern der das Ästhetentum in einen engen Bezug zur Analerotik rückt. Das erotische Vergnügen an der

Ästhetik erhält durch die Neigung zum Sammeln eine besondere narzisstische Zufuhr, indem dem einmaligen Besitzer eines wertvollen Objekts das Erlebnis der Einzigartigkeit verliehen wird. Bei Tätigkeiten, die in den Stand einer bisweilen in die Sucht hineinreichenden Leidenschaft erhoben sind, ist die Maßlosigkeit eine stets drohende Gefahr. Und diese Übertreibung stellt Marx (nach Döpp 1980, 389) im Bilde des Schatzbildners dar, bei dem der Geldfetisch selbst die Funktion des Lustobjekts übernimmt. »Um das Gold als Geld festzuhalten, und daher als Element der Schatzbildung, muss es verhindert werden zu zirkulieren, oder als Kaufmittel sich in Genussmittel auflösen. Der Schatzbildner opfert daher dem Goldfetisch seine Fleischeslust. Er macht ernst mit dem Evangelium der Entsagung ... Arbeitsamkeit, Sparsamkeit und Geiz bilden daher seine Kardinaltugenden.«

Den möglichen Zusammenhang zwischen dem analen Charakter und dem Sozialcharakter in der bürgerlichen Gesellschaft betonend, stellt Döpp (ebd.) fest, dass mit der Entwicklung des bürgerlichen Charakters im 14. Jahrhundert im Italien der Renaissance eine Kunstsammeltätigkeit zu blühen beginnt, die im 17. Jahrhundert in allen Ländern Europas eine Hochblüte erreichen wird.

Mit der Sammelleidenschaft geht aber stets auch eine Leidenschaft nach Erkenntnis einher, die, wenn sie auch nicht so sehr auf die Motive des Besitzens und Sammelns zielt, doch auf die Erforschung dessen drängt, was man gesammelt hat und besitzt. So wird der Sammler nach Freud (1931, 510) zum »eigentlichen, vorwiegend konservativen Träger der Kultur.«

Darüber hinaus entwertet der geheime anale Wunsch keineswegs den kulturellen Wert des Sammelns. So gelingt es auch dem Sammler, so wie jedem, dem das Schicksal die Gabe der Sublimierung verliehen hat, aus einem unedlen Motiv heraus eine hohe kulturelle Leistung hervorgehen zu lassen.

In diesem Sinn schreibt Walter Benjamin (1966, 335) über den großen Sammler Eduard Fuchs: »Wie der Alchimist mit seinem niederen Wunsch, Gold zu machen, die Durchforschung der Chemikalien verbindet, in denen die Planeten und Elemente zu Bildern des spiritualen Menschen zusammentreten, so unternahm dieser Sammler, indem er den niederen Wunsch des Besitzes befriedigte, die Durchforschung einer Kunst, in deren Schöpfungen die Produktivkräfte und die Massen zu Bildern des geschichtlichen Menschen zusammentreten.«

Sammeln und Seinsverfehlung, Tod und Museum

Über die an Triebdynamiken orientierten Antworten auf Fragen zur unbewussten Bedeutung kultureller Phänomene im allgemeinen und der Sammelleidenschaft im besonderen hinausgehend ist auch die Bestimmung des **Menschen als Mängelwesen** als Folge seiner verfrühten Geburt und einer damit einhergehenden mangelhaften Instinktausstattung zu berücksichtigen. Diesen von Freud als »Not des Lebens« bezeichneten Umstand hervorhebend hat die strukturale Psychoanalyse Lacans der Positivität des Triebs stets die Negativität des Mangels an die Seite gestellt, wodurch alle Anstrengungen des Menschen immer auch als Diskurse und Dispositive erscheinen, mit deren Hilfe er seine grundsätzliche »Seinsverfehlung« zu überwinden versucht. Dies beinhaltet sein **Streben, über die Kategorien des Habens und des Besitzens zu einer letztlich unerreichbaren Universalität zu gelangen** und im steten Zählen, Messen, Sammeln die Folgen einer nie ganz gelungenen Kastration zu überwinden.

Das Leiden an den Verlusten bewirkt auch die stete Forderung nach der Anwesenheit des Abwesenden. In seiner kulturgeschichtlichen Reflexion über die Beziehung von Sammeln und Museum weist Pomian (1988) darauf hin, dass zwar vornehmlich die Sprache das Unsichtbare hervorbringt, weil sie es den Subjekten ermöglicht, ihre Phantasmen auszutauschen (woraus sich ergibt, dass das

Sichtbare nur ein kleiner Teil dessen ist, was es gibt), dass aber auch das Zusammentragen von Gegenständen das Unsichtbare repräsentieren kann. Gegenstände wiederum können dem von der Sprache gehobenen Unsichtbaren Materialisierung und Dauerhaftigkeit verleihen. Damit ist auch die Einheit eines Universums gewährleistet, das sich stets aufteilt in die Welt der Rede und des Blicks, des Unsichtbaren und des Sichtbaren, des Lebendigen und des Toten.

So ist es verständlich, dass der Mensch seit jener Zeit, in der er Mensch geworden ist, was offensichtlich mit seiner Geburt an die Sprache und mit dem Bewusstsein seines Todes verknüpft ist, die Kommunikation zwischen diesen Welten dadurch aufrechtzuerhalten versucht, dass er immer wieder nach Zusammenstellungen natürlicher oder künstlicher Gegenstände trachtet, die zeitweise oder endgültig aus dem Kreislauf ökonomischer Aktivitäten herausgehalten werden, damit sie an einem abgeschlossenen, eigens zu diesem Zweck eingerichteten Ort, der ihrem besonderen Schutz dient, ausgestellt und angesehen werden können. Und dies, wie uns das Studium alter und fremder Kulturen mit Nachdrücklichkeit zeigt, in beiden Richtungen: sowohl für den Blick der Welt des Sichtbaren als auch für die Augen des Reiches der Unsichtbaren. Für Letzteres sprechen die oft unzähligen und aus dem Leben der Toten stammenden Grabbeigaben seit der frühesten Bestattungskultur.

Man darf annehmen, dass seit mindestens 40.000 Jahren Gebrauchsgegenstände und Werkzeuge in den Stand von so genannten Semiophoren erhoben werden. Die seltsamen Gegenstände aus jener Zeit, die als eine Art ursprünglichster Sammlung in der Höhle von Hyène in Arcy-sur-Cure gefunden wurden und die noch nicht Kunstwerke, aber auch nicht mehr Gebrauchsgegenstände sind, markieren möglicherweise den eigentlichen Beginn dessen, was sich als menschliche Kultur bezeichnet. In den Stand von Semiophoren erhoben, entbehren Gegenstände jeder Nützlichkeit und gehen nur noch in ihrer Funktion der Bedeutung und des Wertes auf. Freilich nicht als Gebrauchswert, in den sie mitunter verwandelt werden, sondern als Tauschwert, der auf sozialer Ebene den Preis für die Sichtbarmachung des Unsichtbaren darstellt. (ebd., 46 f.)

Psychoanalytisch betrachtet stellen museale Objekte immer auch unbewusste Begegnungsmöglichkeiten mit dem Körper und seinen Teilen und damit letztlich mit seinem eigenen Tod dar.

Denn es ist zu allererst das buchstäblich »Gegenständige« des Objekts und die damit einhergehende Trennung von Ich und Nicht-Ich, mit dessen Hilfe wir eine erste und körperhafte Subjektivität erlangen. Deshalb tragen die Gegenstände, die den Menschen umgeben, für immer die Marken eines Subjektivierungsprozesses, was ihnen bisweilen Seele und animistische Kraft verleiht, was sie aber vor allem in den Stand von Objekten der Liebe und der Leidenschaft erhebt. Als Sammlungs- und Museumsobjekte sind sie Produkte der Sublimierung von Triebstrebungen vielfacher erogener Zonen – und nicht nur einer einzigen analen – und sie bedeuten Idealisierungsarbeit am Ding, wodurch sie, über den Fetischcharakter hinausgehend, in das Feld des Erotischen eintreten können.

Um das Dinghafte als den intimen Kern aller Sammelobjekte zu veranschaulichen, greift Lacan in seinem Seminar über »Die Ethik der Psychoanalyse« (Lacan 1959/1960, 141f) auf eine Erinnerung aus der Zeit der letzten Weltkriegsjahre zurück, als er anlässlich eines Besuchs bei seinem Freund Jacques Prévert in dessen Haus eine Sammlung von Zündholzschachteln sah:

»Es war eine Sammlung, wie man sich es leisten konnte in jener Zeit, vielleicht war es sogar alles, was man zu sammeln hatte. Nur, die Zündholzschachteln präsentierten sich auf die folgende Weise – es waren alles die gleichen Schachteln, sehr gefällig angeordnet, nämlich so, dass eine jede Schachtel in die Nähe der nächsten gebracht war mit Hilfe einer leichten Verrückung des Innenschubers. Eine an die andere gereiht, ergab das gewissermaßen ein zusammenhängendes Band, das die Einfassung des Kamins entlang lief, die Wand hochstieg, deren oberen Rand berührte und dann einer

Tür entlang wieder herunterkam. Ich sage nicht, dass es bis ins Unendliche weiterging, aber es war unendlich befriedigend von einem ornamentalen Gesichtspunkt aus.

Ich glaube aber nicht, dass das die Hauptsache und die Substanz des Überraschenden an dieser Sammlertätigkeit ausmachte und dass das die Befriedigung war, die der Verantwortliche darin finden konnte. Ich glaube, dass der Schock, die Neuheit des durch eine solche Anhäufung leerer Zündholzschachteln erreichten Effekts – und dieser Punkt ist wesentlich – darin bestand, etwas in Erscheinung treten zu lassen, mit dem wir uns vielleicht zu wenig beschäftigen, nämlich, dass eine Zündholzschachtel nicht einfach ein Objekt ist, sondern in der Form, in der *Erscheinung*, wie sie hier in wahrhaft beeindruckender Multiplikation vorgeführt war, ein *Ding* sein kann.«

Schließlich und im Vergleich mit einer von allen üblichen Funktionen freigesetzten Schublade stattet Lacan das dinghafte Schachtelarrangement sogar mit einer kopulatorischen Kraft aus, wodurch es sich, wie hinzugefügt werden kann, in die Reihe der freudschen Ur-Phantasien einordnen lässt.

Im Suchen, Sammeln und Zählen von Dingen offenbart sich daher immer auch ein menschliches Streben, ein ursprüngliches, aber für immer verlorenes Objekt wieder zu finden und den Ur-Sachen seiner Geschichte zu begegnen.

Im **Klassifizieren und Ordnen** äußert sich vor allem die Begehrensfunktion der Sprache, die das Subjekt teilhaben lässt am Prozess einer Begegnung, in der die Ordnung der Dinge durch die differenzierende Kraft der Wörter geschaffen wird.

Hingegen stellt das Konservieren von Gegenständen nicht nur einen Überwindungsversuch des Todes der Körper dar, sondern bedeutet auch Trauerarbeit angesichts der Unausweichlichkeit des Vergehens und Verlöschens.

Im **Ausstellen** schließlich äußert sich ein besonderes menschliches Begehren, das, weil es so eng mit dem Auge verbunden ist, stets den Blick (des Anderen) als ursprüngliches und eigentliches Objekt des Schautriebes sucht. Deshalb werden wir im Museum auch von den Gegenständen angeblickt, und unser Genießen dabei ist umso stärker, je mehr diese Gegenstände funkeln. In diesem Licht könnte auch das Begehren, Bedeutung zu sehen, eine gewisse Erfüllung finden.

Literatur

Balmary, M. (1979): L'homme aux statues. Freud et la faute cachée du père. Grasset, Paris

Benjamin, W. (1966): Eduard Fuchs, der Sammler und Historiker. In: Angelus Novus. Suhrkamp, Frankfurt/Main

Döpp, H.-J. (1980): Die erotischen Wurzeln der Sammelleidenschaft. Psychoanalyse, 1. Jg., Heft 4

Engelmann, E. (1977): Berggasse 19 – Sigmund Freuds Wiener Domizil. Stuttgart-Zürich,Frankfurt/Main

Ferenczi, S. (1914) : Zur Ontogenie des Geldinteresses. In: Ferenczi, S.: Bausteine zur Psychoanalyse I, Huber, Bern-Stuttgart-Wien 1984, 109-119

Freud, M. (1975): Freud, mon père. Denoel, Paris

Freud, S. (1931): Über libidinöse Typen. G. W. XIV, 507-513

Lacan, J. (1959/1960): Die Ethik der Psychoanalyse. Das Seminar von Jacques Lacan, Buch VII. Quadriga, Weinheim-Berlin 1996

Lacan, J. (1975): Schriften I. Suhrkamp, Frankfurt am Main, 71-169

Pomian, K. (1988): Der Ursprung des Museums. Vom Sammeln. Wagenbach, Berlin

Ruhs, A. (1989): ... und schaue ihr in den Hals. In: Wunderblock. Eine Geschichte der modernen Seele (J. Clair et al., Hg.), 709-715, Wien

Spector, J. (1973): Freud und die Ästhetik. Psychoanalyse, Literatur und Kunst. München

Winterstein, A. (1921): Der Sammler. Imago, 180-194

»Zum Verstehen eines Bildes braucht es einen Stuhl« (Paul Klee) Werkbetrachtung aus psychoanalytischen Perspektiven

Dem Kunstbetrachter ein zunächst noch Unsichtbares sichtbar zu machen, um ihm eine Begegnung sowohl mit verdrängten Teilen seiner eigenen Schaulust als auch mit dem Begehren des Künstlers außerhalb seiner bewussten und intendierten Aussagen und außerhalb des der Wahrnehmung unmittelbar Gegebenen zu ermöglichen, ist sicherlich eines der Hauptanliegen jeder Kunstvermittlung und jeder museumspädagogischen Bemühung. In diesem Sinn wurde vom Verfasser im Rahmen von Lehrgängen für Museumspädagogen und Kuratoren in Wien ein Konzept für eine »psychoanalytisch orientierte Werk-Betrachtung« entwickelt, das mit verschiedensten Interessentenkreisen innerhalb und außerhalb universitärer Lehrveranstaltungen immer wieder seine Anwendung findet.

Dabei wird eine Gruppe bis zu etwa 12 Personen, die sich in einem so gut wie möglich abgeschirmten Bereich eines Museums oder eines anderen Ausstellungsortes im Halbkreis vor einem Bild oder vor einem anderen bildnerischen Werk versammelt, vom Gruppenleiter dazu aufgefordert, in Bezug auf dieses Objekt ihre Gedanken, Phantasien, Einfälle und Einstellungen sowie alle damit verbundenen Gefühle so ungehemmt wie möglich zu äußern. Bei dieser thematisch zentrierten, aber dennoch relativ freien Assoziation fungiert zunächst das Kunstwerk als Projektionsfläche, das jedem Teilnehmer die der Wahrnehmung zugrunde liegenden Intentionen und Gegenintentionen buchstäblich vor Augen führt: das zu sehen, was man sehen möchte und das auszublenden, was man nicht wahrnehmen möchte. Diese Einsichtsgewinnung auf dem Felde des Schautriebes, die den einzelnen mit seinen entsprechenden Impulsen und

Abwehrformationen und damit mit seiner je spezifischen Wahrnehmungsstruktur und seinem Objektbeziehungstypus konfrontiert, ist ein Effekt der Pluralität der Gruppe, sofern diese relativ heterogen zusammengesetzt ist. Denn die Unterschiedlichkeit an Wahrnehmungen und Ausblendungen bei den einzelnen Teilnehmern führt schließlich bei ihrem Zusammentreffen zu einer Beinahegesamtheit dessen, was man bezüglich eines Objekts wahrnehmen kann oder was das Objekt zu zeigen imstande ist. Damit ist eine erste Ebene der Kollektivierung eines künstlerischen Gegenstandes im Sinne einer Mikro-Vergesellschaftung gegeben. Diese imaginäre Ebene des Zeigens und des Abbildens ist aber stets von einer zweiten Ebene, nämlich jener des Aussagens durchdrungen, weil sowohl das Feld der Darstellung als auch das Feld der Wahrnehmung durch die symbolische Ordnung, durch die Ordnung der Wörter und des Diskurses strukturiert werden. In jedem Bild und in jedem Bildnis äußert sich somit ein der Sprache unterworfenes »Sujet«, welches die bewussten und unbewussten Aussagen des Künstlersubjekts, seine persönlichen Werthaltungen und Weltanschauungen, seine Wahrnehmungs- und Kreativitätsgeschichte und seine Stellung im kunsthistorischen und kunsttheoretischen Diskurs transportiert. Eine solche Aussage als Inhalt oder Gehalt des Kunstgegenstandes ist immer narrativ, weil sie als sprachliche Aussage nicht nur metaphorisch einen Referenten repräsentiert, sondern weil sie sich auch der metonymischen Funktion der Sprache zu beugen hat: demnach ergibt sich eine Bedeutung immer nur innerhalb einer Kette von Bedeutungsträgern, indem jeder Signifikant, jedes Wort seinen vollständigen Sinngehalt erst durch die ihm vorgängigen und die ihm nachfolgenden Diskurselemente erhält. Formaler Zeigeaspekt und narrativer Inhalt bedingen somit den Symptomcharakter eines künstlerischen Objekts, welcher als dessen je besondere »façon de parler« in Erscheinung tritt.

Diese nunmehr komplexe Bedeutungsebene vergegenwärtigt sich in der Gruppe durch die Verkettung der Assoziationen jedes

Teilnehmers, wobei ein Wort das andere ergibt und wobei sich die Gesamtheit der Aussagen der Gruppe den möglichen Aussagen des Kunstwerks und über das Kunstwerk asymptotisch annähert.

Schließlich ist hinter allen imaginären und diskursiv-narrativen Elementen des Bildes oder des Gegenstandes oder auch der künstlerischen Installation die Blickfunktion derselben zu ergründen, welche man als erstes und auch als letztes Element des Schautriebes und seiner kulturellen Dispositive zu isolieren vermag. Der von außerhalb an uns gerichtete Blick (im Englischen *gaze* im Gegensatz zum aktiven *look* des Schauenden), der uns, wie bereits früher erwähnt (siehe S. 108ff), nicht nur zu anschauenden, sondern auch zu angeschauten Beschauern macht, ist das ursprüngliche Objekt des Schautriebes, der, um es zu wiederholen, im Auge seine Quelle hat und diese als solche auch im Auge des anderen als dessen Blick erfassen kann. Wie bereits erörtert wurde, gehört dieser Blick in seiner realen Dinghaftigkeit zu den primären Objekten, die als Partialtriebobjekte körperbezogen sind und als solche nur dann funktionieren, wenn sie sich buchstäblich objektal von einem Körper ablösen lassen. Der vom Auge losgelöste Blick, unter dem wir uns ständig befinden, findet auch in das Kunstwerk seinen Eingang und tritt uns von dort her als Fleck, als Lichtpunkt, als Glitzern, also als ein Auge im weitesten Umfang des Begriffes entgegen. Dieser Blick, der das künstlerische Objekt zur »Würde des Dings« (Lacan) erhebt, bestimmt zum größten Teil dessen Faszination auf das Auge des Betrachters, das dabei von Bewunderung und Hingabe genauso getroffen werden kann wie von Abscheu, Bedrohung und ängstlicher Erstarrung.

Ein Beispiel: Ein in der Tat bewegendes Bild

Bei der gemeinsamen Betrachtung einer »Übermalung« Arnulf Rainers aus dem Jahre 1961 (im ehemaligen Museum für Moderne Kunst Palais Liechtenstein), welche in einer monochrom-dunkelvioletten Zumalung einer größeren Leinwand unter Aussparung eines unbehandelten Flecks am linken Bildrand besteht, fällt auf, dass im Gegensatz zu anderen Bildanalysen durch die Gruppe die Teilnehmer fast von Anfang an von körperlicher Aktivität und Hektik erfasst sind. Es sieht so aus, als würde sich nicht nur keine Gruppendiskussion entwickeln, sondern als würde sich überhaupt keine Gruppe bilden, da häufig Plätze gewechselt werden, da häufig aufgestanden wird, um das Bild von der Nähe zu betrachten oder die Beschriftung zu lesen und da darüber hinaus ein Unwille spürbar wird, sich mit dem Objekt auf einer Beschreibungs- oder Erlebnisebene auseinander zu setzen. In dieser offensichtlichen Aggressivität scheint die Gruppe den programmatischen Gehalt des Bildes als Ausdruck eines die Traditionen der Bilderzeugung attackierenden Künstlers widerzuspiegeln. Denn Rainers Übermalungen und Überzeichnungen sind Teile eines künstlerischen Vorhabens, Malerei zu betreiben, um die Malerei zu verlassen, damit unter dem Begriff eines »action-painting« dem Akt des Bilderschaffens selbst zum Ausdruck verholfen werde. Da im Bilde also nichts gezeigt wird als der Akt des Zeigens selbst (und dies vor allem durch seine Negierung in Form des Verdeckens), sieht der Betrachter korrespondierend dazu offenbar nichts anderes als den Akt des Sehens selbst (ebenfalls in dessen Negation des Nichts-Sehens). In dieser Begegnung zweier Realien wird das Objekt Bild tatsächlich zur Würde des Dings erhoben. Das Reale der Sehwahrnehmung fällt dabei mit dem Schautrieb zusammen, dessen Drängen sich in der Aktivität und in der Getriebenheit der Gruppenteilnehmer buchstäblich manifestiert. Aber auch der Blick des »purifizierten« Bildes erscheint in seiner realen Dimension als jenes fleckförmige »Auge« am Rand, das sich aus einem kleinen nicht übermalten Rest ergibt und dessen Glanzlosigkeit die ganze Bedrohlichkeit und Gefräßigkeit des triebhaften Anderen in sich trägt.

Arnulf Rainer, Übermalung violett, 1961
Museum Moderner Kunst Stiftung Ludwig Wien

Ein zweites Beispiel: Judith mit dem Haupt des Holofernes

Einer Gruppe von Psychotherapeuten wird im Wiener Kunsthistorischen Museum das von Lucas Cranach d. Ä. stammende Bild »Judith mit dem Haupt des Holofernes« zur Analyse vorgeschlagen. »Was für ein phallisches Schwert«, lautet die erste schnelle Reaktion einer Teilnehmerin. Daraufhin senkt sich der kollektive Blick auf das Antlitz des Enthaupteten, wobei auch eine in formaler Hinsicht innige Beziehung zwischen Täterin und Opfer hergestellt wird: »Die Hände und der Schädel sind gleich bleich«, bemerkt ein Teilnehmer, der unter Hinweis auf die skelettartige Verfassung der Hände bei gleichzeitiger Nichtbeachtung der Handschuhe offenbar bestrebt ist, das asymmetrische Verhältnis zwischen den beiden Gestalten zu relativieren und damit auch den schroffen Gegensatz von Täterschaft und Opferstatus aufzuheben. Um diese Beobachtungen herum formiert sich bald eine kleine, eher männlich dominierte Gruppe, die unter Hinweis auf einen klinischen und sterilen Gesamteindruck des Werks und auf dessen Charakter einer gestellten Szene bzw. einer Pose den Realcharakter der Tat herunterspielt und schließlich den künstlerischen Wert des ganzen Bildes in Frage stellt. Die Konzentration auf den Gesichtsausdruck von Judith schließlich, in dem einige Teilnehmer eine Manifestation des Triumphs erkennen, einige nur Gleichgültigkeit sehen und einige wiederum verstörte Entrücktheit konstatieren, spaltet die Gruppe noch deutlicher, wobei sich je nach Identifizierungsgrad mit der Heldin einerseits und mit dem Besiegten andererseits die Ambivalenz des dargestellten Akts und die möglichen Haltungen gegenüber der Tat als Wohltat oder Missetat widerspiegeln. Sofern sich die Gruppe in dieser Hinsicht auch über die Gleichsetzung der jungen Frau mit dem Tod wieder einig ist, so relativiert sich doch dieses Einverständnis durch einen zweifachen Todesaspekt: durch die Feststellung eines Teilnehmers, dass auch ihr Kopf vom Rumpf abgetrennt, vom Halsband gleichsam durchschnitten ist, ist sie nicht

Abbildung 7: Lucas Cranach d. Ä., »Judith mit dem Haupt des Holofernes« (um 1530 entstanden, 87x56cm)

nur tötendes Subjekt, sondern gleichzeitig auch selbst schon tot.

Nun wendet sich die Gruppe einem anderen Bildelement zu, nämlich Judiths Hut. Er wird sehr schnell zu einem Kippbild, indem er nicht mehr als Kopfbedeckung, sondern als großer Mund betrachtet wird, dem der ganze Körper zu entschlüpfen scheint. Bevor die Bedeutung dieser Interpretation offenbar wird, bewegt sich der Gruppenblick auf die den Kopf des Holofernes haltenden Hände zu: »Die halten den Kopf ja gar nicht richtig, der hängt vielmehr in der Luft!« »Und was ist denn dieser komische Knopf da, der nicht wirklich ein Finger der linken Hand ist? Ist das die berühmte Fleckfunktion, von der Lacan als Darstellung des Blicks in den Bildern spricht?« fragt eine theoretisch versierte Teilnehmerin. Wie um diesem unheimlichen Auge (oder einer allzu gelehrten Auseinandersetzung?) zu entgehen, wendet man sich wieder dem Schwert zu, wobei man feststellt, dass es eigentlich nirgends Blut gäbe und dass auch das Schwert wie abgewischt erscheine. »Geht es letztlich um etwas anderes als um Mord oder Rache?«

Ab diesem Moment wird wieder die Frage nach dem seltsamen Hut aktualisiert: ein Mädchen kommt aus einem Mund heraus und verwandelt sich in ein todbringendes Gerippe? Geburt und Tod? Unter dieser Vermutung verwandelt sich für die Gruppe der Gesamteindruck der Darstellung. Auf einer zweiten Interpretationsebene erscheint nunmehr das vordergründige Thema nur noch als Variante eines umfassenderen Topos, des Topos der *vanitas* im ewigen Kreislauf von Werden und Vergehen...

Ein drittes Beispiel: Salonschrank von Dagobert Peche

Zur Analyse vorgeschlagen wird ein aus dem Jahre 1913 stammender Salonschrank von Dagobert Peche, einem namhaften Vertreter der Wiener Werkstätte. Dieses relativ wuchtige, schwarze und mit goldenen Ornamenten dekorierte Möbelstück (mit etwa 1,50 m fast gleich hoch wie breit), das auf acht zarten, geschwungenen Beinen steht, entlockt der Gruppe als erste Äußerung die Behauptung, dass es innen leer sein müsse. Es wirke sowohl abweisend und hoheitsvoll als auch protzig und unproportioniert, so dass man dem Objekt jeden Wert als Gebrauchsgegenstand absprechen müsse. Es sei höchstens für Zeremonien zu verwenden. Sodann werden Gegensätze bemerkt: einem Bemühen um klare Linien und einer gleichzeitigen orgiastischen Spannung im Dekor stehe eine Zweiteilung des Möbels im Sinne von oben und unten gegenüber. Diesbezüglich fällt ein starker Kontrast zwischen den strengen Linien des Kastens und seinen geschwungenen Beinen auf. Allmählich lösen sich Ehrfurcht und Angst vor dem Gegenstand und die Gruppe beginnt, ihre Phantasien in das Innere des Schranks zu lenken. Dieses sei wie bei einem Sarkophag streng zu bewachen, es diene, wie die Bundeslade, einer sakralen Handlung oder aber einem okkulten Akt. Auf jeden Fall sei das Innere schwergewichtig, da es ja von einer großen Anzahl von Füßen getragen werden müsse. Dieses Gewicht zu tragen werde aber durch die Vögel des goldenen Dekors unterstützt, welche den Schrank in einen Schwebezustand zu versetzen imstande seien (bis zum Schluss hält die Gruppe an der Wahrnehmung dieses ornamentalen Vogelmotivs fest, das aber in Wirklichkeit eine aus Blättern bestehende Verzierung darstellt). Nachdem sich die Teilnehmer eine Zeit lang mit der Frage beschäftigt haben, wie der Raum beschaffen sein müsse, in welchem ein solches Möbel aufgestellt werde, da man ja mit einer Mumie in seinem Inneren zu rechnen habe, wenden sie sich dem Geschlecht des Kastens zu. Ein Teil der Gruppe erachtet es wegen des kraftstrotzenden und dynamischen Aussehens als männlich, der größere Teil sieht aber eine Ausgewogenheit zwischen einem männlichen und einem weiblichen Prinzip, wobei man sich schließlich nach einem kurzen Schwanken zwischen Homo- und Heterosexualität auf eine bisexuelle Neigung einigt. Die so erfolgende immer stärkere Subjektivierung des Gegenstandes bringt die Projektionstendenz der Teilnehmer ans Licht und lässt sie den Spiegelcharakter des Dekors entdecken. »Sehe ich mich da drinnen?« fragt jemand und veranlasst die Gruppe, ihr reflektiertes Bild in den nun glitzerndden Ornamenten zu suchen. Damit bekommt der Schrank etwas Seduktives und tatsächlich wird von einer Teilnehmerin vermutet, dass in seinem Inneren vielleicht ein grüner Apfel der Verführung verborgen sei, oder vielleicht sogar, wie ein Mann vermutet, ein rotes Herz. In Anbetracht der gleichzeitigen schwarzen Bedrohlichkeit des Möbelstücks aber wird sogleich bemerkt, dass diese Dinge im Inneren wohl bald zu faulen beginnen würden. Durch den Hinweis darauf, dass ein Apfel im Schrank durch die Körperhaftigkeit des letzteren wohl eine Leibesfrucht darstellen könnte, wird das Möbelstück zum Träger von »Familiengeheimnissen«, deren Aufdeckung den Blick auf »Leichen im Keller« freigeben würde. So verwandelt sich der Kasten rasch zu einem Mutterleib, der aber weniger zum Leben als zum Tode Anlass gibt und damit zu einem lebendigen Sarg wird. Daran schließen sich Assoziationen an, die bei weiterer Verfolgung sicherlich zu je spezifischen und individuell verschiedenen Auseinandersetzungen mit Zeugung, Schwangerschaft und Abortus mit jeweils aggressiv-schuldhafter Tönung geführt hätten. Als ob es um eine verkürzte Trauerarbeit ginge, sieht die Gruppe nun, wie sich der Schranksarg zum Friedhof bewegt, getragen von vier Sargträgern, deren Beine die acht Füße des Möbelstücks nur allzu deutlich darstellen. Das Vogelmotiv taucht wieder auf und wird verbunden mit einer Phantasie der befreiten Seele, was offenbar jener vorübergehenden leichten Befreiung der Gruppe vor einer befürchteten und nun teilweise offenbar gewordenen und zum Ausdruck gebrachten Todesvorstellung entspricht. Nun kann die Gruppe auch wieder ein Ganzes sehen, sie ist fasziniert von einem Schrank, der imstande ist, ein ganzes Leben, vom Bauch bis zur Bahre in sich aufzuheben. Darin liegt offenbar eine harmonische Kraft, die schließlich alle anfangs festgestellten Widersprüche in sich zu vereinen mag und so auch

Abbildung 8: Dagobert Peche, Salonschrank, 1913

die Gruppenteilnehmer in ein einheitliches und widerspruchsfreies Gefüge verwandelt. Es sei noch erwähnt, dass einige Erörterungen angestellt werden, wie das Körperbild des Künstlers beschaffen sei, um in diesem Möbelstück seinen Ausdruck zu finden. Brustbetont, heroisch und mit einer nach oben dominierenden Richtung sind die Hauptattribute, die diesbezüglich geäußert werden. Schließlich wird noch festgestellt, dass der betrachtete Gegenstand, psychopathologisch gesprochen, wohl am ehesten als ein hysterisches Möbelstück zu diagnostizieren sei, weil es wie ein Köder wirke, weil es etwas vortäusche, weil es sich interessant mache, indem es sich geheimnisvoll gäbe.

Abschließendes

Aus einer großen Zahl von psychoanalytischen Werkbetrachtungen mit verschiedensten Personenkreisen sind hier drei Beispiele aus einer wiederum kleineren Zahl von protokollierten Analysen vorgestellt worden. Es ist zu wünschen, dass nicht zuletzt durch diese Illustrationen deutlich geworden ist, dass auch **»eine Psychoanalyse von Sachen«** (J.P. Sartre) nicht darin besteht, einmal und zumeist an Einzelfällen gewonnene Erkenntnisse als generell erachtete Deutungsmuster in stereotyper Weise jedem Analysegegenstand ohne Berücksichtigung der jeweils bedeutsamen Kontexte überzustülpen. Sicherlich trägt die Psychoanalyse oft selbst dazu bei, dass ihre theoretischen und insbesondere ihre triebtheoretischen Aussagen, welche sich in einer Verallgemeinerung nur auf strukturelle Gegebenheiten unter Hintanhaltung ihrer je konkreten und durchaus unterschiedlichen Erscheinungsformen beziehen können, zum Katalog einer starren Symbolik etwa im Sinne eines ägyptischen Traumbuches pervertiert werden. Unter einem solchen Aspekt kann die Psychoanalyse tatsächlich als ein monströses Lehrgebäude mit pansexualistischen Auswüchsen erscheinen und jene Spötter auf den Plan rufen, die behaupten, dass alles in der Psychoanalyse an den Haaren und vornehmlich an den Schamhaaren herbeigezogen sei. Damit soll aber auch nicht der der Psychoanalyse inhärente Skandal heruntergespielt werden, der in der Offenlegung unbewusster Motivationszusammenhänge und in der Enthüllung verdrängter, d.h. privat oder kollektiv tabuisierter Vorstellungen besteht. Auf jeden Fall ist zu bedenken, dass unser Zugang zur Welt, zu den Sachen und auch zu uns selbst grundsätzlich erotisch geprägt ist, da sich die Wahrnehmung der äußeren Welt nie von den Spuren einer elementaren Körpererfahrung, die zunächst einem einfachen Lust-Unlust-Prinzip unterworfen ist, loslösen kann. So kommt es, dass jeder Gegenstand die Erinnerung an das ihm vorausgegangene unfassbare *Ding* mit sich trägt, welches wiederum die unbewusste Repräsentanz eines körperlichen Partialobjekts als elementares Triebobjekt darstellt. In diesem Sinn stellt Lacan für das Erleben des werdenden Menschenkindes auch im Hinblick auf dessen Persistenz fest:

»Es ist das Bild seines Körpers, das das Prinzip jener Einheit ist, die er an den Objekten wahrnimmt. Von diesem Bild nun nimmt er die Einheit nur außerhalb und in einer antizipierten Art und Weise wahr. Aufgrund dieser doppelten Beziehung, die er zu sich selbst hat, werden sich sämtliche Objekte seiner Welt immer um den irrenden Schatten seines eigenen Ich strukturieren. Sie werden alle einen fundamentalen anthropomorphen, wir wollen sogar sagen egomorphen Charakter haben«. (Lacan 1954/55, 346)

Ein solches imaginäres Schwergewicht bildet immer einen Teil jener konnotativen Bedeutungshöfe, die an den Signifikanten in ihren Verkettungen haften und die in der Analyse als systematische Durchquerung von Phantasmen offenkundig werden. Um es in etwas anderer Wendung zu wiederholen: Eingedenk der Bedeutungsgesetze, welche die Mechanismen der Verdrängung regieren, schreitet die Psychoanalyse in ihrer Methode stets metaphorisch und metonymisch voran, um den im Unbewussten herrschenden

Verdichtungen und Verschiebungen nachzuspüren: ein Wort steht für ein anderes Wort (vertikale Bezugsachse) und ein Wort ergibt das andere (horizontale lineare Verkettung). Über den Diskurs des Einzelnen einschließlich seiner unbewussten privaten Konnotationen hinausgehend zeigen sich im Diskurs einer Gruppe neben dem Zusammentreffen vieler privater Phantasmen auch deutlicher und umfassender Anteile von Kollektivkonnotationen, welche in ihrer Gesamtheit die bewussten und unbewussten Mentalitäten einer jeweiligen Kultur wiedergeben. Sofern Künstler mit ihrer Sublimierungsarbeit an den Schnittflächen zwischen dem Privaten und dem Öffentlichen eine privilegierte Position einnehmen, indem sie intime Erfahrungen und unkonventionelle Zeichenverknüpfungen in verallgemeinernd wirkende ideale Formen umsetzen, schafft die Begegnung mit ihren Werken im Rahmen einer analysierenden und analytisch geleiteten Gruppe Resonanzen, welche sowohl die gemeinschaftsstiftende Funktion von Kunst als auch die Möglichkeit einer Vergesellschaftung individuellen Erlebens erfahrbar werden lässt, ohne dass sich dabei der Einzelne im Kollektiv verliert.

Literatur

Lacan, J. (1954/1955): Das Ich in der Theorie Freuds und in der Technik der Psychoanalyse. Das Seminar von Jacques Lacan, Buch II, Walter, Olten 1980.

Psychoanalyse, Kino und Film

Ein distanziertes Naheverhältnis

»Das Kino ist Louis Lumière und Sigmund Freud«. Diese Behauptung des französischen Filmregisseurs Philippe Garrel betont nicht zuletzt die enge historische Beziehung, durch welche Psychoanalyse und Kinematographie miteinander verbunden sind.

Nahezu gleichzeitig dem Geist des ausgehenden neunzehnten Jahrhunderts entsprungen haben sie als revolutionäre Innovationen und nach zähem Ringen um ihre kulturelle und gesellschaftliche Anerkennung das zwanzigste Jahrhundert entscheidend mitgestaltet. Denn unter den Kennzeichnungen für die mentale Verfassung dieser Epoche werden immer wieder zwei Merkmale namhaft gemacht: **ein psychologisierter Mensch in einer bilddurchfluteten Welt.** Führte Freuds Enthüllung der Macht des Unbewussten eine radikale Wende in der Auffassung vom Menschen herbei, so hat die Entwicklung von Film und Kino schließlich dazu geführt, dass man im Rückblick von einer »Cinematic Society« (Denzin 1995) sprechen kann, in die der vielzitierte »homo psychologicus« hineingestellt war.

Licht in dunkle Räume zu werfen, war beiden Institutionen ein ursprüngliches Anliegen. So erschienen 1895 sowohl Freuds (und Breuers) »Studien über Hysterie« als auch die tanzenden Bilder der Brüder Lumière.

Allerdings verhinderte die Geringschätzung und Abwertung des neuen Mediums durch das die Psychoanalyse tragende Bildungsbürgertum nicht nur eine frühere Begegnung der beiden soziokulturellen Bereiche, sondern überhaupt ein wissenschaftliches Interesse am Genre Film im Gegensatz zur Beachtung, die dem wesensverwandten Theater weiterhin von analytischer Seite entgegengebracht wurde.

So ist auch Freud dem Film gegenüber stets skeptisch bis ablehnend geblieben, aber nicht allein wegen seines besonderen kulturellen Hintergrundes, sondern auch aus Sorge um die adäquate Darstellungsweise seiner Psychoanalyse in filmischen Produktionen.

Deshalb dauerte es unverhältnismäßig lange, bis das weite Land der Seele und der tiefe Raum des Kinos zu einer Kooperation und zu einer gegenseitigen Durchdringung bereit waren.

Eine erste augenfällige Annäherung von beiden Seiten ergab sich in den Jahren vor dem ersten Weltkrieg. Die psychoanalytische Bewegung stand unter dem Eindruck schwerwiegender innerer Zerwürfnisse und Abspaltungen, Adler und Jung brachen die Beziehung zu Freud ab und gründeten eigene Schulen. In dieser Zeit nahm Freud nach der Beschäftigung mit dem Ödipusmythos in seiner universellen Bedeutung für das Erfassen frühkindlicher Beziehungskonstellationen innerhalb der komplexen familiären Strukturen mit ihren Auswirkungen auf die Persönlichkeits- und Identitätsbildung des heranwachsenden Subjekts die Arbeit an einem zweiten großen Mythos in Angriff: dem Mythos von Narziss. Hatte sich Ödipus am Ausgang seiner Tragödie selbst geblendet, so bedeutete die Einführung des Narzissmusbegriffes als Kennwort für die Anfänge der Ich-Entwicklung im frühesten Kindesalter eine Öffnung der Augen und eine Auseinandersetzung mit Blick und Bild als Grundlagen menschlicher Idealbildungen. Wenn auch Freud den Narzissmusbegriff eher abstrakt libido-dynamisch und libido-ökonomisch behandelte, so zeichnete sich doch die dem Narzissmuskonzept inhärente **»imaginäre Wende«** in der Gründung der Zeitschrift »IMAGO« ab, die Freud ab 1912 als »Zeitschrift für Anwendung der Psychoanalyse auf die Geisteswissenschaften« herausgab. Damit ging auch eine Fülle von theoretischen und klinischen Arbeiten zu Psychologie und Metapsychologie des Visuellen einher. Das Erkenntnisinteresse am Schautrieb blieb bei den Analytikern nicht ohne Wirkung auf die eigene Schaulust: So schrieb Lou Andreas Salome (1958, 102) in ihr Tagebuch des Jahres 1912/13 unter anderem folgendes ein:

»Am Sonnabend (22.Februar) fiel das vorletzte Kolleg aus wegen Lichtbildervorführungen über die neuesten römischen Ausgrabungen und Tausk, die Buben und ich frönten einem einigermaßen ähnlichen Genuß in der ›Urania‹. Wie denn das Kino überhaupt keine kleine Rolle für uns spielt...«

In dieser Zeit entwickelte sich im deutschen Raum ein Filmschaffen, das sich, vorbei an Sittenfilmen und Pornographie, zunehmend psychologisierte. Während unter der Leitästhetik des Expressionismus die Abgründe der Seele in mysteriöser Weise vor allem nach verbrecherischen Neigungen ausgelotet wurden, versuchten Regisseure und Drehbuchautoren, welchen eine Prestigesteigerung des Kinos am Herzen lag, ihren Produktionen seriösere sozio-ökonomische und psychologische Analysen zugrunde zu legen. Paradigmatisch dafür ist neben Max Macks »Der Andere« (1913) das von Stellan Rye, Hanns Heinz Ewers und Paul Wegener geschaffene Lichtspiel »Der Student von Prag«, ebenfalls aus dem Jahre 1913. In dieser Geschichte verkauft ein Student sein Spiegelbild an einen mysteriös-dämonischen Alten, um eine junge Frau aus der Prager Aristokratie für sich zu gewinnen, begeht aber schließlich Selbstmord, als er sein selbstständig gewordenes und böses Spiegelbild zu erschießen glaubt. Das Insistieren einer Thematik, das sich in mehreren Remakes offenbarte, schien auch ein Begehren der Kinematographie zu artikulieren, die, ganz im Sinne des Narzissmus, nach Selbst-Erkenntnis und nach Anerkennung strebte. Denn das **Doppelgängermotiv**, dessen tiefenpsychologische Bearbeitung kurz nach der Aufführung des Originalfilms von Otto Rank unter dem Titel »Der Doppelgänger« (Rank 1914) herausgebracht wurde, trifft das Kino in seinem Kern, indem es auf seinen Spiegelcharakter hinweist und das Unheimliche betont, das von ihm ausgeht wie von jedem Dispositiv, das die Begegnung eines Subjekts mit sich selbst arrangiert.

Im Gefolge weiterer Streifen, die wie etwa Robert Wienes »Das Kabinett des Dr. Caligari« (1919), Friedrich Murnaus »Nosferatu« (1922), Fritz Langs »Dr. Mabuse, der Spieler« (1922) oder Arthur Robesons »Schatten« (1922) das Thema des menschlichen Unbewussten auf gefährliche seelische Grenzzustände reduzierten und den psychoanalytischen Erkenntnisgegenstand in entstellender Weise mystifizierten, wurden auch Lehrfilme hergestellt, die sich strenger wissenschaftlich um eine Darstellung der neuen Psychologie (neben anderen Errungenschaften) bemühten. So brachte 1923 der UFA-Verleih-Konkurrent DAFU (Deutsch-Amerikanische Film-Union) einen abendfüllenden psychologischen Lehrfilm mit dem Titel »Ein Blick in die Tiefen der Seele; der Film vom Unbewussten« heraus. Da dieser Streifen von einem Psychiater und Psychotherapeuten, der sich als Gegner der Psychoanalyse verstand, mitgestaltet worden war, verbreitete sich die Sorge Freuds um das Ansehen seiner Disziplin unter den Analytikern, womit ein Anreiz zu möglichen Gegendarstellungen gegeben war.

Unter diesen Gegebenheiten stellten sich in den Jahren 1925 und 1926 und nach Ranks Beitrag von 1914 weitere explizite Beziehungen zwischen Psychoanalyse und Film her. Zunächst sollte Freud für die Mitarbeit an einem Hollywood-Projekt gewonnen werden. Samuel Goldwyn war an ihn herangetreten und hatte ihm $ 100.000,-- für die Beratungstätigkeit an einem Film angeboten, bei dem es um die Darstellung der großen Liebesdramen der Weltgeschichte seit Antonius und Cleopatra gehen sollte. Wie Jones berichtet, habe sich Freud über diese geistreiche Art, die Verbindung zwischen Psychoanalyse und Liebe auszubeuten, amüsiert gezeigt, aber natürlich habe er das Angebot zurückgewiesen, habe darüber hinaus sogar eine persönliche Kontaktaufnahme mit Goldwyn abgelehnt, obwohl sich die psychoanalytische Bewegung damals in einer finanziellen Notlage befand. Freuds Telegramm mit der Absage habe, so heißt es weiter, in New York größere Sensation erregt als sein großes Werk »Die Traumdeutung«. (Jones 1982, 141)

An der Verbreitung seiner Lehre und an der zunehmenden Anwendung seiner Methode war zwar dem Schöpfer der Psychoanalyse viel gelegen, aber, um die Entfremdung seines Werks fürchtend, tat er es weder um jeden Preis noch mit allen Mitteln. Denn als gleichzeitig die deutsche UFA-Filmgesellschaft aufgrund der damals außergewöhnlichen Popularität der Psychoanalyse sie zum Gegenstand einer anspruchsvolleren kinematographischen Darstellung machen wollte, konnte sich Freud nicht vorstellen, wie seine abstrakten Theorien durch das plastische Medium des Films zu repräsentieren wären. In einem Brief an Ferenczi kommentierte er mit Ironie und Humor seine Weigerung, die Patronanz über das unabwendbare Projekt zu übernehmen:

»Die Verfilmung lässt sich so wenig vermeiden, wie, scheint es mir, der Bubikopf. Aber ich lasse mir selbst keinen schneiden und will auch mit keinem Film in persönliche Verbindung gebracht werden.« (zit. n. Zeul 1994, 981)

So wurde im Herbst 1925 das Vorhaben mit dem Regisseur G.W. Pabst und mit den Psychoanalytikern Karl Abraham und Hanns Sachs vom Berliner Institut als fachliche Berater und Mitautoren des Drehbuchs in Angriff genommen. Unter dem Titel »Geheimnisse einer Seele« war eine Fallstudie filmisch darzustellen, die die erfolgreiche psychoanalytische Behandlung eines an einer Phobie leidenden Chemieprofessors (dargestellt von Werner Krauss) zum Inhalt hatte. Zuvor war es noch zu rivalisierenden Auseinandersetzungen innerhalb der psychoanalytischen Bewegung gekommen, da eine Wiener Gruppe ein von Siegfried Bernfeld konzipiertes und letztlich nicht realisiertes Gegenprojekt dem Berliner Vorhaben in den Weg gestellt hatte.

Trotz aller Schwierigkeiten des ersten Kontakts der Psychoanalyse mit dem filmischen Medium markiert jedoch »Geheimnisse einer Seele« eine Wende in der gegenseitigen Beziehung. Die Skepsis der Psychoanalyse gegenüber dem Filmschaffen war ab diesem Zeitpunkt nicht mehr bedeutsam, und umgekehrt war der Einfluss des psychoanalytischen Diskurses und seiner Dispositive aus der Kinematographie nicht mehr wegzudenken. So wie der Surrealismus die Lehre Freuds in sein Programm und in sein bildnerisches und literarisches Werk aufgenommen hatte, so hatte die Psychoanalyse sowohl als Sujet als auch als wichtiger Bestandteil filmtheoretischer Überlegungen ihren festen Platz in der filmischen Produktion zugewiesen bekommen, was für ihr Überleben der Zeit des Zweiten Weltkrieges und des Nationalsozialismus von gar nicht geringer Bedeutung war. Ein diesbezüglicher Aufschwung setzte insbesondere in den 1960er Jahren ein, als der französische Strukturalismus eine Verbindung von Psychoanalyse mit Linguistik und Semiotik in besonderer Weise förderte und vor allem durch Jacques Lacans diesbezügliche Beiträge Wesentliches zu einer Theorie des filmischen Imaginären beitrug.

Zunächst aber hatten sich psychoanalytische Überlegungen zum Wesen und zu den Erscheinungsformen des Filmischen vor allem an zwei Modellen angewandter Psychoanalyse orientiert: Einerseits wurde nach dem Muster von Freuds Studie über eine Kindheitserinnerung Leonardo da Vincis das Augenmerk auf psychoanalytisch relevante Biographieelemente des Filmschaffenden und deren Niederschlag im filmischen Werk gerichtet; andererseits konzentrierte man sich auf den narrativen Inhalt der filmischen Produktion, den man unter weitgehender Außerachtlassung der filmischen Semiotik und Symbolik wie einen Text psychoanalytisch interpretierte. Dieses Vorgehen lieferte eher Informationen über gerade gängige psychoanalytische Theoriekonzepte als Aufschlüsse über latente Phantasmen innerhalb der manifesten Bild- und Diskurswelt filmischer Szenerien. (s. dazu Zeul 1994)

In Bezug auf die Untersuchung der **Rezeptions- und Funktionsebene von Film und Kino** haben sich frühe Ansätze psychoanalytisch orientierter Filminterpretation hauptsächlich an **triebtheoretische Erklärungsansätze** gehalten, wobei die Begriffe des Exhibitionismus, der Schaulust, der primitiven Identifizierung, der

Inkorporation durch das Auge (dies vor allem bei Fenichel 1935) und der kollektiven Identifizierung als Schlüsselkonzepte herangezogen wurden. Besondere Bedeutung erlangten dabei zwei Phänomene, welche für die Filmrezeption in besonderer Weise wirksam sind und sich auf bestimmte Regressionsprozesse beziehen: die durch die Dunkelheit des Kinosaals im Zuschauer ausgelöste Regression und die damit verbundene Reaktivierung von Ur-Szenen-Erlebnissen.

Dem gegenüber gab es aber auch einige frühe Bemühungen, in psychoanalytisch orientierten Filmanalysen von der **Eigenständigkeit einer Bilderwelt und ihren sprachanalogen logischen Verknüpfungen und Bedeutungszusammenhängen** auszugehen, um dadurch auch zu unbewussten Aussagen und Äußerungsweisen außerhalb des unmittelbar sinnlich Gegebenen und Wahrnehmbaren zu gelangen. So konnte 1929 Hanns Sachs in seiner »Psychologie des Films« (Sachs 1929) unter Berücksichtigung der Bewegungsfunktion des filmischen Mediums anhand von Bildanalysen zeigen, auf welche Weise psychische Vorgänge als innere Erlebnisse durch äußere Wahrnehmungskonfigurationen bewegter Bilder verstehbar gemacht werden können. Dabei soll aber nicht vergessen werden, dass schon 1916 der aus Danzig stammende und an der Harvard-Universität lehrende Psychologe Hugo Münsterberg eine Publikation mit dem Titel »Das Lichtspiel. Eine psychologische Studie« (Münsterberg 1916) vorlegte, welche als Grundstein für alle weiteren Abhandlungen auf diesem Feld erst spät die entsprechende Würdigung erfahren hat.

Film und strukturale Psychoanalyse

Die von Lacan formulierten medientheoretischen Kategorien des Imaginären, des Symbolischen und des Realen aufgreifend hat anfänglich vor allem Christian Metz die Anstrengung unternommen, in systematisierter Weise das **Dispositiv Kino** vom **Diskurs Film** streng zu trennen, um im weiteren den Film in seiner Gesamtheit als zu interpretierenden Signifikanten, als ein zu deutendes Textsystem zu betrachten und darin die spezifischen denotativen und konnotativen Bedeutungsgesetze sowohl auf Bild- als auch auf Tonebene offenzulegen. Hatte er in seinem mittlerweile zum Standardwerk gewordenen Buch »Langage et cinema« (Metz 1971) vor allem die internen Artikulationsgesetzmäßigkeiten des filmischen Codes in traditioneller semiologischer Weise untersucht, so setzte er sich 1977 in »Le signifiant imaginaire« (Metz 1977) von der Botschaft zum Empfänger hinüberwechselnd hauptsächlich mit der Beziehung von Betrachter und Film auseinander und legte unter den Begrifflichkeiten von *Regression* (auf eine Stufe vor der Ich-Entwicklung), *primärer Identifizierung* (mit dem Schau- und Sehakt als solchem, vermittelt durch den Kamerablick) und *Ausblendung* (von Merkmalen, die einen Ort der Äußerung festlegen und Autorenschaft fixieren) die psychischen Bedingungen für das Funktionieren der kinematographischen Institution frei.

Im Anschluss an Metz' grundlegende Überlegungen bildeten sich unter den an der strukturalen Psychoanalyse ausgerichteten filmwissenschaftlichen Arbeiten zwei Gruppen von Theoretikern heraus, welche bis in unsere Gegenwart die Auseinandersetzung mit den mittlerweile über das filmische Schaffen hinausreichenden visuellen Medien entscheidend mitgestalten: einerseits eine von den USA ausgehende und stark **feministisch (bis marxistisch) geprägte Gruppe** (unter vielen anderen Laura Mulvey, Kaja Silverman, Madan Sarup, Jacqueline Rose), andererseits eine um Slavoj Zizek versammelte **Theoretikergruppe aus Ljubljana**, welche in ihrer Interpretationsarbeit vor allem vom Hollywood-Kino sowie vom filmischen Werk Hitchcocks ausgegangen ist (und dabei Positionen von Raymond Bellour und Frederic Jameson ausgebaut und erweitert hat). (s. dazu etwa Ruhs 1997)

Während die der ersten Gruppierung zuzurechnenden Autoren hauptsächlich der Frage nachgehen, mit welchen Mitteln und Effekten im kinematographischen Dispositiv permanent Subjektivität konstruiert wird und dabei neben dem Einsatz bestimmter Montage- und Einstellungstechniken der Blickfunktion unter Berücksichtung einer Differenzierung von männlichem und weiblichem Blick eine herausragende Bedeutung zuweisen, ist das Laibacher Kollektiv vor allem durch die Propagierung eines postmodernen Interpretationsansatzes hervorgetreten. Im Schlüsselwerk mit dem französischen Originaltitel »Was Sie immer schon über Lacan wissen wollten, sich aber Hitchcock nicht zu fragen trauten« (in der deutschen Ausgabe »Ein Triumph des Blicks über das Auge«, Zizek 1992) gehen die Autoren von zwei miteinander verbundenen Grundannahmen aus, deren erste die von Lacan getroffene Unterscheidung zwischen angewandter und theoretischer Psychoanalyse aufgreift, wobei versucht wird, diese Differenzierung anhand von Beispielen aus verschiedensten kulturellen Bereichen plausibel zu machen. Während es in der angewandten Psychoanalyse darum gehe, mit Hilfe der analytischen Theorie ein Kunstwerk besser oder anders zu verstehen, werde in der theoretischen Psychoanalyse durch Umkehrung der Fragestellung ein entgegengesetzter Weg eingeschlagen: welchen Beitrag kann ein kulturelles Produkt wie etwa ein Film für das Verständnis und für das Begreifen komplexer und abstrakter Konzepte der psychoanalytischen Theoriebildung insbesondere des Lacanschen Denkgebäudes leisten? Unter der zweiten Voraussetzung, dass sowohl die Moderne als auch die Postmoderne ihren Zugang zum Kunstwerk immer (noch) über die Interpretation sucht, hat sich Zizeks Gruppe einem postmodernen Vorgehen verschrieben: Während es für eine moderne Interpretation gelte, in einem modernen Kunstwerk, welches definitionsgemäß enigmatisch und schockierend sei, gerade das Unverständliche verständlich zu machen, laufe ein postmodernes Interpretationsverfahren darauf hinaus, ein Alltägliches zu verfremden. Daher sind auch die Gegenstände derartiger Analysen Produkte mit ausgesprochenem Massen-Appeal (zumeist scheinbar reines Unterhaltungskino), wobei es die Aufgabe der Interpretation sei, darin Darstellungen der esoterischsten theoretischen Finessen eines Lacan, eines Derrida oder eines Foucault zu erkennen.

»Wenn also die Freude der modernistischen Interpretation im Effekt einer Wiedererkennung besteht, die das Beunruhigende und Unheimliche ihres Gegenstandes plausibel und vertraut macht (›Aha, jetzt verstehe ich, was dieser augenscheinliche Unsinn soll!‹), so ist es das Ziel einer postmodernistischen Behandlung, das anfänglich Vertraute des Gegenstandes zu verfremden: ›Sie glauben, dass das, was Sie sehen, ein einfaches Melodram ist, dem auch Ihre senile Oma problemlos folgen könnte? Aber ohne in Betracht zu ziehen, was es hier mit ... (der Differenz zwischen Symptom und *Sinthom*; der Struktur des borromäischen Knotens; dem Umstand, dass *Die Frau* einer der Namen-des-Vaters ist etc.) auf sich hat, haben Sie die Pointe überhaupt nicht begriffen!« (ebd., 10).

Unter diesen Voraussetzungen stellt für Zizek und seine Gruppe vor allem das Werk Hitchcocks einen privilegierten Ort dar, an dem sich der postmoderne Künstler mit dem postmodernen Interpreten in glücklicher und geglückter Weise trifft. Die endlose Flut von Büchern, Artikeln, universitären Seminaren und Vorträgen belege es genügend, dass der Name Hitchcock nicht nur als Markenzeichen für diese interpretative Freude der Verfremdung auch des banalsten Inhalts gelten könne, sondern dass er auch für ein theoretisches Phänomen und letztlich für ein »postmodernes« Phänomen par excellence einstehe.

Abgesehen vom Werk Hitchcocks schließen Zizek und die an seinem Ansatz orientierten Autoren die verschiedensten Filmproduktionen bis hin zu den aktuellsten in ihre auf viele Gebiete bezogene Interpretationstätigkeit ein, so dass es auch kaum ein psychoanalytisches Theorem gibt, dessen Plausibilität und Gültigkeit nicht anhand eines filmischen Exempels dargestellt wäre.

Literatur

Andreas-Salomé, L. (1958): In der Schule bei Freud. Tagebuch eines Jahres. 1912/1913. Niehans, Zürich

Denzin, N. K. (1995): The Cinematic Society: The Voyeur's Gaze. Sage Publications, London, Thousend Oaks, New Delhi

Fenichel, O. (1935): Schautrieb und Identifizierung. In: O.Fenichel (Hrsg.): Aufsätze, Band I, Walter, Olten 1979

Jones, E. (1982): Das Leben und Werk von Sigmund Freud. Huber, Bern-Stuttgart-Wien, Bd. III, 141

Metz, C. (1971) : Langage et cinema. Larousse, Paris

Metz, C. (1977): Le signifiant imaginaire. Psychanalyse et cinéma. UGE, Paris

Münsterberg H. (1916): Das Lichtspiel. Eine psychologische Studie (1916) und andere Schriften zum Kino. Jörg Schweinitz (Hg.), Synema, Wien 1996

Rank, O. (1914): Der Doppelgänger. In: IMAGO III, 97-164

Ruhs, A. (1997): Sprachspiele und Lichtspiele. Psychoanalytische Versuche in Kinematographie. RISS, Zschr. f. Psychoanalyse, 12.Jg., Nr. 39/40, 13-43

Sachs, H. (1929): Zur Psychologie des Films. In: Die psychoanalytische Bewegung (A. J. Storfer, Hrsg.), 122-126

Zeul, M. (1994): Bilder des Unbewussten. Zur Geschichte der psychoanalytischen Filmtheorie. Psyche 48, 975-1003

Zizek, S. (1992): Ein Triumph des Blicks über das Auge. Turia & Kant, Wien

Stimme, Über-Ich, Musik
Von der Triebhaftigkeit im Akustischen

Das Schicksal der Echo

Die beiden tragenden menschlichen Kommunikationsfelder, also sowohl **Sehen/Gesehenwerden** als auch **Hören/Sprechen**, finden sich in ihrer Bedeutung für den Subjektivierungsprozess im Mythos von »**Narziss und Echo**« thematisiert. Die von den beiden Figuren der Geschichte jeweils verkörperten Spiegelfunktionen, die zunächst für die Bildung eines imaginären Ich – einerseits durch den Blick und andererseits durch die Stimme – bedeutsam sind, werden aber zumeist zugunsten einer letztlich nicht haltbaren Vorrangigkeit des Visuellen gegenüber dem Akustischen abgehandelt. So hat man auch in den klassischen psychoanalytischen Triebkonzepten zwar einen dem Auge korrespondierenden Schautrieb herausgearbeitet, nicht aber ein aus Stimme und Gehör zusammengesetztes eigenes Triebdispositiv. Hingegen hat Lacan einen sogenannten **Anrufungstrieb (pulsion invocante**) konzipiert, welcher der besonderen Topologie und der speziellen Dynamik eines aus »Hören und Tönen« bestehenden Partialtriebgeschehens Rechnung trägt. Das für Bewusstseinsbildung und Intersubjektivitätsentwicklung relevante Ur-Objekt dieses Triebs, dessen Elemente man als »sonore Objekte« bezeichnen kann, ist die menschliche Stimme. Sie soll unter dem Blickwinkel ihrer Bedeutung für die Genese der Über-Ich-Strukturen Beachtung finden, bevor auf ihre Rolle für das Genießen im Musikalischen eingegangen wird, das durch spezifische Sublimierungs- und Idealisierungsvorgänge auf Trieb- und Objektseite ermöglicht wird.

Zunächst aber sei an die mythische Geschichte der Echo im Zusammenhang mit jener von Narziss/Narkissos erinnert:

Narkissos war der Sohn der Nymphe Leiriope, die der Flussgott Kephissos einst mit seinen gewundenen Flüssen umschlungen und hernach vergewaltigt hatte. Narkissos war von trotzigem Stolz auf seine eigene Schönheit erfüllt und wies schon früh herzlos die Liebe von Männern und Frauen zurück. Auch die Nymphe Echo verliebte sich in ihn. Sie war mit dem Verlust ihrer Sprache bestraft worden – sie konnte nur die Rufe anderer nachschwätzen –, weil sie Hera einst mit langen Geschichten unterhalten hatte, so dass die Konkubinen des Zeus ihrem eifersüchtigen Auge entwischen konnten. Eines Tages ging Narkissos zur Hirschjagd. Echo folgte ihm leise durch den weglosen Forst und wollte mit ihm sprechen. Sie konnte aber das Gespräch nicht selbst beginnen. Endlich rief Narkissos, als er sich verirrt hatte:

»Ist jemand hier?«

»Hier!« antwortet Echo zur Verwunderung des Narkissos, da er niemanden sehen konnte.

»Komm!«

»Komm!«

»Warum meidest du mich?«

»Warum meidest du mich?«

»Laß uns hier zusammenkommen!«

»Laß uns hier zusammenkommen!« wiederholte Echo und rannte voller Freude aus ihrem Versteck, um Narkissos zu umarmen, Roh schüttelte er sie von sich und lief davon. »Ich würde eher sterben, als mit dir liegen!« rief er.

»Mit mir liegen!« flehte Echo.

Doch Narkissos war bereits fortgegangen, und sie verbrachte den Rest ihres Lebens in einsamen Schluchten. Dort siechte sie vor Liebeskummer dahin, bis nur ihre Stimme zurückblieb. Als Narkissos eines Tages auf Jagd war, folgte sie ihm. Und als er sich verirrte und nach jemandem rief, konnte sie auf seinen Ruf antworten und sich schließlich zeigen. Als sie ihm aber auch ihre Liebe zeigen wollte, wies er sie schroff zurück, worauf sie sich in Liebesgram verzehrte. Und während sich der eitle Narziß in sein eigenes Bild verliebte und dahinschmachtete, bis er in eine Blume verwandelt war, lebt Echos Stimme, der Widerhall, auf den Bergen und in den Wäldern fort. (nach Ranke-Graves, 1985, 259f)

Und Ovid führt noch aus:

»Die Stimme allein und die Knochen sind übrig; jene hat Dauer, die Knochen, sie wurden zu Stein, so erzählt man. Und jetzt ist sie verborgen in Wäldern; man sieht sie auf keinem Berg, doch jedermann hört sie: ihr Ton ist lebendig geblieben.« (Ovid, 1964, 104)

Es liegt offenbar an der scheinbaren Übermacht des Auges und an der außergewöhnlichen Sinnfälligkeit des Visuellen, dass in den alltäglichen Kurzfassungen der hauptsächlich als »Narzissmythos« tradierten Geschichte das Schicksal der Echo so konsequent unterschlagen wird, was uns wie eine tragische Wiederholung ihres Verschmähtwerdens in der Erzählung selbst anmutet.

Dabei ist dem Primat des Optischen und der **Vorrangigkeit des Visuellen** die **Vorgängigkeit des Akustischen** gegenüberzustellen. Denn in der Entwicklung des Subjekts und in seiner Naturgeschichte der Sinne geht das Universum des Hörbaren der Welt des Sichtbaren eindeutig voraus, wenngleich die offenbar größere Gier des Auges und die stärkere Überzeugungskraft seiner Bilder das von Immaterialität und Intensität bestimmte Akustische stets in den Hintergrund zu drängen versucht. Hingegen ist es aber der ursprünglich von der Stimme getragene Diskurs, der uns einen Ausschnitt aus der Unendlichkeit des Sichtbaren liefert, indem er bestimmt, was zu sehen ist und damit der Intentionalität des Schautriebs Inhalte und Strukturen bereitstellt. Damit wird der Sprache und ihrer Ordnung eine organisierende Funktion gegenüber der reinen Dingwelt eingeräumt, was auf die Anerkennung hinausläuft, dass die Ordnung der Wörter der Ordnung der Dinge vorausgeht.

Ohne Zweifel hat sich in unserer Kultur während der letzten Jahre der vielbeschworenen Bilderflut ein Tonschwall und ein

Stimmengewirr hinzugesellt. Diese **Phonomanie**, die einem gegenwärtigen Panoptikum ein Panakustikum gegenüberstellt und im Rahmen einer bereits gesellschaftlich geforderten akustischen Tele-Präsenz mit einem (Lust-)Zwang zu intersubjektiver Kommunikation auf partieller Basis einhergeht, ist selbstverständlich soziokulturell vielschichtig determiniert. In Anbetracht einer bisweilen in die Obszönität der öffentlichen und privaten Telefonerotik reichenden Hör- und Sprechlust, welcher immer auch der Verdacht einer Vermeidung sogenannter ganzheitlicher zwischenmenschlicher Beziehungen anhaftet, lässt allerdings auch die Frage nach einer akustisch determinierten Triebhaftigkeit auftauchen, welcher von der Psychoanalyse bisher – wenn überhaupt – nur randständige Bedeutung eingeräumt worden ist. In diesem Zusammenhang wäre es übrigens verlockend, der vom Auge dominierten Gefallsucht des Narzissmus eine als »Echoismus« zu bezeichnende Neigung, sich selbst gerne reden zu hören, gegenüberzustellen. Ein aus **Stimme und Gehör** zusammengesetztes Triebdispositiv, welches die Zusammenarbeit zweier getrennter Apparate bzw. Organe impliziert, zeigt sich im allgemeinen aber eher von sublimem Charakter, weil es vor allem von dem von Mäßigung und Vernunft getragenen Feld des Sprechens besetzt wird. Bezieht man sich hingegen stärker auf das rein Stimmliche, so ist man dem Triebhaften bereits näher. Einerseits kommt der Stimme in der Radikalität des Schreies unmittelbare und unvermittelte Ausdruckskraft realen seelischen Erlebens zu, andererseits spielt sie, vereint mit sadomasochistischen Strebungen, in jeder Macht- und Herrschaftsausübung eine entscheidende Rolle. Hier treffen *Mündigkeit* und *Hörigkeit* in aggressiver Weise zusammen, wenngleich dem Hören in seiner scheinbaren Passivität nicht von vornherein dieselbe Triebhaftigkeit wie dem stimmlich Expressiven eingeräumt werden kann. Es ist jedoch zu bedenken, dass auch dem Begriffsfeld des Hörens Wahrnehmungsmodalitäten verschiedener Intensität mit verschiedenem Aktivitätsgrad zugehören, so dass Steigerungsstufen etwa vom Zuhören über das Lauschen, Horchen, Aushorchen, Verhören bis hin zum sogenannten Lauschangriff die Unschuldsvermutung des Ohrs in Frage stellen und seine Einbindung in ein triebdynamisches Geschehen als sinnvoll erscheinen lassen. In dieser Hinsicht wäre dann auch das Ohr, so wie das Auge, eine autonome erogene Zone und die Quelle eines spezifischen Triebes.

Der Anrufungstrieb

Wie bereits angedeutet, kommt in Freuds Triebtheorie und in seiner Entwicklungsgeschichte der Triebe zwar dem Sehen, aber nicht dem Hören/Sprechen triebhafte Bedeutung zu. Dies ist umso erstaunlicher, als Freud auf seinem Erkenntnisweg gerade mit seinem Richtungswechsel von der Beobachtung zur Anhörung zu einem besseren Verständnis des menschlichen Psychismus dahingehend gelangte, dass sich die Spezifität des Menschen der Sprache und dem Sprechen verdankt und dass das menschliche Subjekt – als *animal symbolicum* im Sinne Cassirers – vor allem ein der symbolischen Ordnung unterworfenes Subjekt und damit ein *höriges* und *mündiges* Subjekt ist. Auch in späteren psychoanalytischen Standardwerken sind Stichworte aus dem Bereich von Stimme und Gehör kaum zu finden. Es scheint, als ob die an das Sprechen und Zuhören gebundene Psychoanalyse nur schwer ihr Standbein bewegen könne, um sich durch Infragestellung und Analyse ihres entscheidenden Trägermediums nicht ihres Fundaments zu begeben. So bildet sich am Ort der Psychoanalyse als dem Ort des schärfsten Hörens ein Zentrum aus, das analog zum blinden Fleck auf der Netzhaut als tauber Fleck im Ohr imponiert.

Es bedurfte offenbar einer Wende in der Geschichte der psychoanalytischen Theoriebildung, um die Existenz eines spezifischen und relativ abgegrenzten akustischen Partialtriebs in Erwägung zu ziehen. Der von Lacan und seiner strukturalen Psychoanalyse eingeführte Perspektivenwechsel, den man nach dem *linguistic-turn* Freuds als *imaginary-return* bezeichnen könnte, hat offenbar die Frage nach der Funktion der Stimme und ihrer Objekthaftigkeit bezüglich eines spezifischen, an das Gehör gebundenen Triebes in den Vordergrund gerückt. Die Herausarbeitung von Blick und Stimme als eher verkannte Objekte zweier Partialtriebe sind auch in Zusammenhang mit der psychiatrischen Erfahrung Lacans und insbesondere mit seiner Beschäftigung mit der Ich-Entstehung und dem Problem der Psychosen zu sehen.

Unter der Prämisse, dass es eine so genannte ganze Sexualstrebung als Repräsentation einer Triebgesamtheit am Endpunkt der psychosexuellen Entwicklung nicht gibt, ist jeder Trieb (und damit auch der Genitaltrieb) prinzipiell Partialtrieb und als solcher bekanntlich durch seine Quelle, durch sein Objekt und durch sein Ziel bestimmt. Aus diesem Grund **unterscheidet Lacan, Freud folgend, die Ebene der (Sexual-)Triebe relativ deutlich von jener der Liebe,** welche im Gegensatz zum »kopflosen« Subjekt des Triebs die Bildung eines zunächst imaginären Gesamt-Ich sowie schließlich eines vom sprachlich/symbolischen Anderen her bestimmten Subjekts impliziert.

Während sich der Partialtrieb an einem Objekt Befriedigung verschaffen kann, bleibt er andererseits stets zielgehemmt, weil das Ziel der Sexualität der Arterhaltung und der geschlechtlichen Reproduktion dient. Unter diesem Gesichtspunkt erscheint dann auch das Triebobjekt als etwas Sekundäres, was Freud bekanntlich in der Weise ausgedrückt hat, dass das Variabelste am Trieb das Objekt sei. Dieses Triebobjekt ist als solches immer als ein Rest und als ein Abfall zu verstehen, Effekt der Verhaftung des Subjekts und seiner Um- bzw. Innenwelt mit der Sprache. Es ist der Rest eines ursprünglichen, unvermittelten, aber auch nicht bewussten Genießens, worauf das Subjekt zu verzichten hat, wenn es sich in der sogenannten symbolischen Kastration der Vermittlungsfunktion des Zeichens und der Sprache unterwirft. Das Wort ist der

Mord am Ding, sagt Hegel, und das aus dem unvermittelten Ding durch das Symbol entstandene Objekt ist somit Abfall des Signifikanten und damit Ur-Sache des Begehrens als Ausdruck eines symbolisch nicht assimilierbaren Überbleibsels, das nur im imaginären Szenario des Phantasmas dem Subjekt gegenüber seinen Platz findet. Dieses Objekt, das ewig fehlt, dieses stets gesuchte und für immer verlorene Objekt, das bei jeder erneut auftretenden Bedürfnisspannung auf ein ursprüngliches Befriedigungserlebnis verweist und durch eine Besetzung von Erinnerungsspuren charakterisiert ist, kennzeichnet Lacan, wie bereits mehrmals erwähnt, mit dem Begriff des Objekts »a«. Dabei wird jedem Partialtrieb ein spezifisches Ur-Objekt zugeordnet, dessen Merkmal es aber ist, Objektalität dadurch zu besitzen, dass es sich von einem Körper ablösen lässt, weil sich zunächst alle Erfahrungen des Kindes auf den Körper beziehen. Dieser Körper ist sowohl der Körper des anderen als auch der eigene Körper, weil auf dieser Ebene der Subjektgenese der Transitivismus der imaginären (Spiegel-)Beziehung vorherrscht (nach Freud ist die erste Objektbeziehung eine Identifizierung: Ich ist ein anderer und der andere ist Ich, bzw.: Was ich begehre, das bin ich auch!). So stellt Lacan den Freud'schen Triebmodalitäten des Oral-, Anal- und Schautriebs die von einem Körper ablösbaren Objekte Brust, Faeces und Blick gegenüber, und obwohl in dieser Liste auch die Stimme als spezifisches Objekt figuriert, ergibt sich für deren Zuordnung zu einem entsprechenden Partialtrieb ein Problem (siehe dazu v. a. Lacan, 1964, 204 f; Miller, 1994; Ruhs, 2003, 147-164).

Beim Versuch, dem Objekt Stimme einen genuinen akustischen Partialtrieb zuzuordnen, ergibt sich in erster Annäherung die Schwierigkeit, dass hier offensichtlich zwei im Organismus voneinander getrennte Organe im Spiel sind. Denn in die Modalitäten des ***Hörens*** und des ***Sich-hören-Machens*** treten sowohl der Stimmapparat als auch der Hörapparat in ihrer Heterotopie in Funktion. Lacan macht für die Eigenart eines solchen Triebs, den er als *pulsion invocante/Anrufungstrieb* bezeichnet, eine von vornherein bestehende sozialkommunikative Funktion geltend. Zunächst ist zu beachten, dass die Ohren als Wahrnehmungsorgane Körperöffnungen sind, die sich nicht schließen können. Im Gegensatz zum *Sich-sehen-machen* im Bereich des Schautriebs, wo im Exhibitionismus eine narzisstische Rückkehrbewegung vom Objekt zum Subjekt stattfindet, indem man letztlich sich selbst über den anderen beschaut, geht aus strukturellen Gründen das analoge *Sich- hören-machen* an den Anderen, was einen entscheidenden Schritt in die Dimension des intersubjektiven Miteinanders bedeutet.

So ist es offenbar gerade diese Streckung des Bogens der Triebbewegung, welche durch das Zusammenwirken zweier erogener Zonen innerhalb eines Partialtriebkomplexes bedingt ist, dass der Stimme und ihrem Ausdrucks- und Rezeptionsapparat eine so bedeutsame Stelle in der Bildung des Über-Ich zuteil wird. In diesem Aufklaffen eines Bedürfnisses müsste also einer der Gründe für die Möglichkeit dessen liegen, was einer Objektbeziehung außerhalb einer unmittelbaren und unvermittelten, eben kopflosen Reflexivität anderer Partialtriebdynamiken entspricht.

Über-Ich

In Bezug auf das Über-Ich, das sich im psychoanalytischen Diskurs nicht auf eine Instanz der Moral, der Kritik und der idealen Werte im Sinne eines Über-Ichs des Bewusstseins reduzieren lässt, müssen wir bekanntlich **zwei Formationen der Über-Ich-Strukturen** unterscheiden und dem Über-Ich im engeren Sinne (d.h. als Erbe des Ödipuskomplexes) ein grundsätzlich unbewusstes archaisches und tyrannisches Über-Ich gegenüberstellen. Denn außer der mit der Fähigkeit zur Objektbesetzung und Identifizierung mit dem Objekt (als anderem Subjekt) einhergehenden Bildung des Ich-Ideals, welches die Wurzel des reiferen Über-Ich darstellt, ist Freud zufolge eine zweite Instanz zu beachten, welche sich in der primitiven oralen Phase des Individuums noch diesseits einer Trennung von Objektbesetzung und Identifizierung konfiguriert. In »Das Ich und das Es« schreibt Freud:

»Dies führt uns zur Entstehung des Ich-Ideals zurück, denn hinter ihm verbirgt sich die erste und bedeutsamste Identifizierung des Individuums, die mit dem Vater der persönlichen Vorzeit. Dieser scheint zunächst nicht der Erfolg oder Ausgang einer Objektbesetzung zu sein, sie ist eine direkte und unmittelbare und frühzeitiger als jede Objektbesetzung«. (Freud, 1923, 298 f)

Erst auf dieser widersprüchlich und paradox anmutenden totalen Identifizierung mit einem Objekt als ganzem scheinen sich mit der Organisation des Genießens in der ödipalen Phase jene imaginären und symbolischen Identifizierungen als Über-Ich im engeren Sinne herauszubilden, welche ebenfalls eine Paradoxie und Widersprüchlichkeit zu überwinden haben. Denn Freud weist darauf hin, dass das Über-Ich nicht einfach ein Residuum der ersten Objektwahlen des Es ist, sondern dass es auch die Bedeutung einer energischen Reaktionsbildung gegen dieselben hat: »Seine Beziehung zum Ich erschöpft sich nicht in der Mahnung: ›So (wie der Vater) *sollst* Du sein‹, sie umfasst auch das Verbot: ›So (wie der Vater) *darfst* Du *nicht* sein«. (ebd., 301f) In diesem Sinne lässt sich das Über-Ich nicht auf das Gesetz reduzieren, sondern auf einen **Komplex von Gesetz und Genießen**, wobei das Gesetz nicht das (inzestuöse) Begehren des Kindes verbietet, sondern nur dessen Befriedigung, dessen Genießen. Daraus folgt weiterhin, dass sich ein Teil des Individuums mit dem Begehren identifiziert, ein anderer mit dem Gesetz bzw. mit dem Verbot, was hinsichtlich des Genießens zu drei verschiedenen Verhaltensweisen führt: zunächst muss das Objekt auf das verbotene Genießen *verzichten*, sodann aber auch sein Begehren bezüglich des als unerreichbar erachteten Genießens *aufrechterhalten* und schließlich seine körperliche und seelische Integrität vor der Gefahr der Zerstörung *retten,* was sich insbesondere auf die Rettung des Penis durch die Kastrationsdrohung als Stütze des Gesetzes bezieht. »Wenn das Über-Ich diese drei Prinzipien auf eine einzige zwingende Formel bringen könnte, würde es dem Ich anordnen: ›Begehre das Absolute, auf das Du verzichten musst, weil es für Dich verboten und gefährlich ist!‹« (Nasio, 1999, 108)

Die Beziehung des Über-Ich zum Genießen entspricht der engen Es-Über-Ich-Relation bei Freud: »Somit steht das Über-Ich dem Es dauernd nahe und kann dem Ich gegenüber dessen Vertretung führen. Es taucht tief ins Es ein, ist dafür entfernter vom Bewusstsein als das Ich.« (Freud, 1923, 315) Und an anderer Stelle: »Während das Ich wesentlich Repräsentant der Außenwelt, der Realität ist, tritt ihm das Über-Ich als Anwalt der Innenwelt, des Es, gegenüber.« (ebd., 303) Weiter ausgeführt bedeutet dies folgendes:

»Das Über-Ich spricht für das Es, das Über-Ich ist die Stimme des Dings. Das Über-Ich als Imperativ des Es ist somit die Stimme des Genießens; die Stimme, die das Genießen einerseits begrenzt – indem sie erfahrbar macht, was definitionsgemäß jede Form von Umrahmung überschreitet –, andererseits befördert sie es auf eine Art und Weise, die gelegentlich jede Kontrollfähigkeit des Subjekts übersteigt. Das Über-Ich ist eine Instanz, die das Genießen gleichzeitig repräsentiert und eingrenzt, und gerade darin liegt die Funktion der Vermittlung des Genießens mit dem Anderen..., worin es dem Partialobjekt (Objekt »a«) nahe kommt«. (Leikert, 1995, 38, eig. Übers.)

Das andere schon von Freud postulierte archaische Über-Ich ist aber diesem Über-Ich des moralischen Bewusstseins mit seinen Funktionen des Verbots, der Ermunterung und des Schutzes entgegengesetzt. Es ist von besonderer psychoanalytischer Relevanz, weil es unbewusst das moralische, kritische und ideale Bewusstsein des hauptsächlich dem Rationalen untergeordneten Über-Ich subvertiert.

»Während das Trachten des Über-Ichs des Bewusstseins zur Förderung des Wohlbefindens beiträgt, gibt es ein anderes, **wildes und grausames Über-Ich**, das zum großen Teil Ursache für menschliches Elend sowie absurder und infernalischer Handlungen des Menschen (Selbstmord, Mord, Zerstörung und Krieg) ist. Das ›Gute‹, das uns das wilde Über-Ich zu finden befiehlt, ist nicht die gute Moral (d.h. das, was aus der Sicht der Gesellschaft gut ist), sondern das absolute Genießen selbst. Es befiehlt uns, jede Grenze zu überschreiten und die Unmöglichkeit eines unaufhörlich sich entziehenden Genießens zu erlangen. Das tyrannische Über-Ich befiehlt und wir gehorchen, ohne zu wissen, auch dann, wenn es oft den Verlust und die Zerstörung dessen herbeiführt, was uns das Teuerste ist«. (Nasio, 1999, 110)

Dieses grausame Über-Ich repräsentiert gegenüber dem Ich nun ausschließlich die ekstatische Kraft des Es, dem es befehlenden Nachdruck verleiht. In diesem Sinne müssen wir Lacans Formulierung »Das Über-Ich ist der Imperativ des Genießens – Genieße!« verstehen. Auf der (vergeblichen) Suche nach einer absoluten Befriedigung führt dieses Über-Ich das Subjekt zu den grausamsten Handlungen bis hin zu Verbrechen, Selbstmord und Mord, wodurch es sich als die »kulturelle« Ausformung des Todestriebes bzw. des reinen Triebhaften erweist. Aber auch dieses Über-Ich wirkt auf den drei Ebenen des *Verbots*, der *Ermunterung* und des *Schutzes*, wenn auch auf krankhafte Weise übersteigert. Während die übertriebene Ermahnung zur Realisierung destruktiver Impulse führt, gibt das zu strenge Verbot Anlass zu absurden Manifestationen der Selbstbestrafung wie etwa im Falle der Melancholie oder bestimmten paranoiden Entwicklungen. Als Ich-Protektor kann es schließlich derartig eifersüchtig über das Subjekt wachen, dass es zu einem von sinnlosen Verboten charakterisiertem Verhalten führt.

Was nun die Genese dieses grausamen Über-Ich anbelangt, ist es als »**Erbe eines primitiven Traumas**« zu betrachten, in welchem das Zerrbild eines Verbots in einer zum grotesken Schrei deformierten Stimme zur Wirkung gelangt und ein Phantasma erzeugt, das durchaus jenen oralen und sadistischen Phantasmen des Säuglings entspricht, wie sie durch die Schule Melanie Kleins in Bezug auf eine frühzeitige Über-Ich-Bildung herausgearbeitet wurden. Innerhalb einer solchen Phantasiebildung kann das Kind die Stimme eines Erwachsenen wie einen brutalen und verletzenden Befehl erleben:

»Wie in einem Rausch spürt das Kind das Gewicht der elterlichen Autorität und Einschüchterung, ohne zu verstehen, worauf sich das von den phantasierten Stimmen der Eltern geäußerte Verbot wirklich bezieht. Der Sinn des Verbotes, ein Sinn, der grundsätzlich über jedes symbolische und strukturierende Sprechen vermittelt werden kann, wird durch den penetranten Ton des elterlichen Schreiens aufgehoben. Der phantasierte Ton vertreibt den symbolischen Sinn und wird innerhalb des Ich zum klingenden, isolierten und herumirrenden Ort, in dem sich das tyrannische Über-Ich einrichtet.« (ebd., 113)

Indem das Symbolische im Sinne einer Verwerfung energisch zurückgewiesen wird, reduziert sich die Substanz dieses Über-Ichs auf ein herumirrendes Stimmfragment, das als ein Partialobjekt das sinn- und bedeutungslose Loch im Realen imaginär als »wildes und unsinniges Dröhnen des Gesetzes« (ebd., 114) auffüllt.

Musik

Von dieser wahrlich archaischen Dimension der Stimme ausgehend ergibt sich ein anderer Zugang zum psychoanalytischen Verständnis des Wesens musikalischer Phänomene als von jener Verfassung der Stimme, die bereits von der Kategorie des Wortes eingenommen worden ist. In diesem letzteren Sinn ist sie nicht mehr als partielles Ur-Objekt im Sinne eines Objekts »a« zu betrachten, sondern als ein vom signifikanten System eingefangenes *phonematisches Objekt*. Aber gerade in Bezug auf das Genießen in der Musik zeigt sich mit Nachdruck die Möglichkeit der Umgehung der symbolischen Kastration, weil sich die Musik besonders vehement gegen Sinn- und Bedeutungszuordnungen wehrt. Wenn auch die Stimme im weitesten Sinn des Begriffes jenem Realen des Körpers und der Körper entspricht, in welches die notierten Signifikanten ihre Einschnitte, Modulationen und Artikulationen einbringen, und wenn sie als solche ein grundsätzliches Urobjekt der Musik darstellt, so ist doch für die Erfassung der reinen Dimension des Genießens in der Musik jenseits des Symbolischen ein Begriff zu erwägen, welcher einer präziseren Bestimmung und damit einer gewissen Festlegung entgeht. Man könnte sich diesbezüglich an den Terminus eines ***Klangobjekts*** halten, welches wie alle anderen Objekte von Trieben ein vages, unabgegrenztes und verlorenes Objekt repräsentiert. Dieses *Klangobjekt* scheint dem Restobjekt Lacans, dem Objekt des Genießens und des ursprünglichen Befriedigungserlebnisses, das, wie bereits erwähnt, durch die Einschreibung als Erinnerungsspur ins Register der Signifikanten verloren geht und immer wieder gesucht wird, eher zu entsprechen als das in den Dimensionen von Psychose und Neurose relevante Objekt der Stimme in ihrer Nähe zum Genießen und zum bewusstseinsfähigen und bewusstseinsnahen Organ des ödipalen Über-Ichs. Durch Sprache und Sprechen, durch die Wirkung des Signifikanten verwandelt sich nach Lacan das Objekt »a« als »Objekt des Genießens« in ein »Objekt-Ursache des Begehrens«, welches nun, dem Begehren als einem grundsätzlichen Begehren des (immer) anderen unterworfen, ein stets ersehntes und gesuchtes Objekt ist. Für einen Autor wie Leikert (1994) bedeutet die Suche nach dem verlorenen Objekt in der Musik vor allem die Suche nach der absoluten Stimme, wobei gerade im Kastraten dieses ultimative *Klangobjekt* in herausragender Weise verkörpert erscheint. Die reale Kastration anstelle der symbolischen bedeutet für das Subjekt, nicht zum Subjekt des Signifikanten, sondern zum

Objekt des Genießens zu werden, wodurch die Fetischfunktion des Kastraten und der Zusammenhang von Musik und Perversion deutlich wird. Hier nimmt also der Kastrat den Platz des *Klangobjekts* ein. Das Absolute an diesem Objekt ist für Leikert (ebd.) der Schrei jenseits der binären Artikulation des Sprechens, in dem der Signifikant das Genießen aufgehoben hat. Dabei wird auch die Zeit-Ordnung aufgehoben, die eine Leistung des Signifikanten ist (nach Hegel ist bekanntlich der Begriff die Zeit des Dings). So wird der Begriff des *Moments der Stimme*, welcher in verschiedenen Variationen in den diversen Musikstücken auftaucht, zum Inbegriff eines Moments des Genießens. Die dem Schrei benachbarte musikalische Stimme als *Klangobjekt* eines akustischen Partialtriebes ist somit der letzte Schutzschirm vor der Unerträglichkeit des Realen des Triebs, welcher hier in besonderer Weise seine imaginäre Zähmung erlangt.

Der reale Untergrund der Musik bedeutet auch eine Verkörperung des Seins und eine Vergegenwärtigung der Existenz selbst. Als Sublimierung eines angeblich kaum erträglichen Ur-Geräusches im Mutterleib, eines ontogenetischen Ur-Knalles gewissermaßen, siedelt sich die Musik am Rande des Diskurses an, aus welchem sie hinunterreicht in die Unmittelbarkeit und Unvermitteltheit des Realen und damit sowohl in den Bereich des reinen Lebens als auch des reinen Todes.

Literatur

Freud, S. (1923): Das Ich und das Es. Studienausgabe Bd. III, 273 – 330

Lacan, J. (1964): Das Seminar von Jacques Lacan, Buch XI: Die vier Grundbegriffe der Psychoanalyse. Walter, Olten 1978

Leikert, S.(1994): Das Objekt des Genießens in der Musik. In: RISS, Nr.26, S. 5-18

Miller, J.-A. (1994): Lacan et la voix. Quarto Nr. 54 (1994): 47-52

J.-D.Nasio (1988): 7 Hauptbegriffe der Psychoanalyse. Turia & Kant, Wien 1999

Ovid: Metamorphosen. Stuttgart: Philipp Reclam jun., 1964

Ranke-Graves, R. (1955): Griechische Mythologie. Reinbek: Rowohlt, 1985

Ruhs, A. (2003): Der Vorhang des Parrhasios. Schriften zur Kulturtheorie der Psychoanalyse. Sonderzahl, Wien

Löcker Wissenschaft:

Birgit Buchinger, Beate Hofstadler
KÖRPER • LEBEN • TRÄUME
Geschlechterperspektiven bei jungen Männern und Frauen.
380 S., 16 Farbabb., Broschur
ISBN 978-3-85409-398-5
€ 32,–

Kurt R. Eissler
FREUD UND WAGNER-JAUREGG
Vor der Kommission zur Erhebung militärischer Pflichtverletzungen
336 S., Broschur
ISBN 978-3-85409-457-9
€ 24,80

Andrea Griesebner
FEMINISTISCHE GESCHICHTSWISSENSCHAFT
Eine Einführung. 200 S., Broschur
ISBN 978-3-85409-410-4
€ 15,–

Andrea Grisold
KULTURINDUSTRIE FERNSEHEN
Zum Wechselverhältnis von Ökonomie und Massenmedien
364 S., Broschur
ISBN 978-3-85409-399-2
€ 29,80

Marina Gržinić, Rosa Reitsamer (Hg.)
NEW FEMINISM
Worlds of Feminism, Queer and Networking Conditions.
472 S., Broschur
ISBN 978-3-85409-472-2
€ 29,80

Beate Hofstadler
LESARTEN VON GESCHLECHT
Pedro Almodóvars Film Alles über meine Mutter
260 S., Broschur
ISBN 978-3-85409-464-7
€ 22,–

Barbara Kainz
COMIC.FILM.HELDEN
Heldenkonzepte und medienwissenschaftliche Ansätze
240 S., Broschur ca. 20 s/w Abb.
ISBN 978-3-85409-516-3
€ 19,80

Barbara Kainz
DER ANTIHELD
Motive und Image einer Heldenspezies in Comicverfilmungen. 176 S., Broschur
ISBN 978-3-85409-486-9
€ 19,80

Isabella Klausegger
HIPHOP ALS SUBVERSIVE KRAFT
Zur Konzeption von Machtverhältnissen und deren Dynamik in den Cultural Studies. 340 S., Broschur
ISBN 978-3-85409-517-0
€ 24,80

Lutz Musner
KULTUR ALS TEXTUR DES SOZIALEN
Essays zum Stand der Kulturwissenschaften
185 S., 5 s/w. Abb. Broschur
ISBN 978-3-85409-402-9
€ 15,–

Lutz Musner, Heidemarie Uhl (Hg.)
WIE WIR UNS AUFFÜHREN
Performanz als Thema der Kulturwissenschaften
160 S., Broschur
ISBN 978-3-85409-442-5
€ 17,–

Margit Niederhuber, Katharina Pewny, Birgit Sauer
PERFORMANCE, POLITIK, GENDER
Materialienband zu her position in transition. 300 S., Broschur
ISBN 978-3-85409-473-9
€ 19,80

Carl E. Schorske
MIT GESCHICHTE DENKEN
Übergänge in die Moderne
266 S., Broschur
ISBN 978-3-85409-371-8
€ 25,–

Werner Michael Schwarz
KINO UND STADT
Wien 1945–2000
242 S., ca. 60 s/w Abb. Broschur
ISBN 978-3-85409-390-9
€ 22,–

Mona Singer
GETEILTE WAHRHEIT
Feministische Epistemologie, Wissenssoziologie und Cultural Studies.
350 S., Broschur
ISBN 978-3-85409-401-2
€ 25,–

Die Reihe Cultural Studies im Löcker Verlag

Hg. von Christina Lutter u. Markus Reisenleitner

Christina Lutter, Markus Reisenleitner
CULTURAL STUDIES –
EINE EINFÜHRUNG
Cultural Studies Band 0.
170 S., Broschur
ISBN 978-3-85409-372-5
€ 15,–

John Fiske
LESARTEN DES POPULÄREN
Cultural Studies Band 1.
215 S., Broschur
ISBN 978-3-85409-376-3
€ 22,–

Roman Horak
DIE PRAXIS DER CULTURAL STUDIES
Cultural Studies Band 4.
242 S., Broschur
ISBN 978-3-85409-373-2
€ 22,–

Fritz Betz, Johanna Riegler
BILDER DER ARBEIT IM
SPÄTKAPITALISMUS
Cultural Studies Band 5.
256 S., ca. 30 s/w Abb., Broschur
ISBN 978-3-85409-377-0
€ 22,–

Meaghan Morris
ZU FRÜH ZU SPÄT
Geschichte und Popularkultur.
Cultural Studies Band 6.
393 S., 12 s/w Abb., Broschur
ISBN 978-3-85409-388-6
€ 29,80

James Donald
VORSTELLUNGSWELTEN
MODERNER URBANITÄT
Cultural Studies Bd. 7.
278 S. mit 18 s/w Abb. Broschur
ISBN 978-3-85409-431-9
€ 24,80

Lawrence Grossberg
WE GOTTA GET OUT OF THIS PLACE
Rock, die Konservativen und die Postmoderne. Aus dem Amerikan. von Stefan Erdei. Cultural Studies, Bd. 8
460 S., Broschur
ISBN 978-3-85409-551-4
€ 29.80